U0796812

粉丝经济学

蔡 嫚◎著

时事出版社

图书在版编目（CIP）数据

粉丝经济学 / 蔡嫚著 . —北京：时事出版社，
2017.1
ISBN 978-7-5195-0074-0

Ⅰ . ①粉… Ⅱ . ①蔡… Ⅲ . ①网络经济 - 研究
Ⅳ . ① F49

中国版本图书馆 CIP 数据核字（2016）第 297729 号

出 版 发 行：时事出版社
地　　　址：北京市海淀区万寿寺甲 2 号
邮　　　编：100081
发 行 热 线：（010）88547590　88547591
读者服务部：（010）88547595
传　　　真：（010）88547592
电 子 邮 箱：shishichubanshe@sina.com
网　　　址：www.shishishe.com
印　　　刷：北京建泰印刷有限公司

开本：670 × 960　1/16　印张：18　字数：261 千字
2017 年 1 月第 1 版　2017 年 1 月第 1 次印刷
定价：33.00 元
（如有印装质量问题，请与本社发行部联系调换）

前言

PREFACE

从商业的角度来讲，这是一个“得粉丝者得天下”的时代。诸如《小时代》《致我们终将逝去的青春》《煎饼侠》《小时代》等电影，其一路飘红的票房都得益于粉丝们的倾力贡献；当然，前提是建立在产品质量好的基础上。

其实，不仅仅是娱乐行业需要粉丝，别的领域也一样需要粉丝。我们惊叹于“罗辑思维”通过吸引粉丝、招募会员的方式吸金数百万，也不难发现小米、锤子、魅族、黄太吉、江小白等品牌的成功，均带着“粉丝经济”的烙印。可以毫不夸张地说，没有粉丝的品牌，无法成为大品牌。

互联网的出现改变了我们以往的生活方式，互联网思维和“互联网 +”更是颠覆了传统的商业模式。在传统的商业模式中，企业要想盈利，可能要花费巨额的成本、想方设法地去留住消费者。而如今，互联网思维使得这项成本大大降低，方式和途径也变得更加丰富。特别是“粉丝经济”的兴起，使人们不管从事哪个行业，只要拥有足够多的粉丝，就可以轻松提高经济效益。也就是说，一个品牌只要能够拥有足够多粉丝的支持，就有“一夜爆红”的可能。

企业通过打造优质的产品和服务吸引用户，通过与用户的不断交流、不断满足他们的各种需求、不断为其打造极致的产品体验，将用户转化和培养成自己的粉丝。一个粉丝带来的不仅是消费行为，更可以利用移动互联网实现口碑的快速传播，从而实现品牌知名度和美誉度的提高。这一切，都为了实现企业更快更好地发展和赢利。

要玩转“粉丝经济”，首先得了解以下问题：什么是“粉丝”？什么是“粉丝经济”？什么是“社群”？如何进行“品牌管理”？如何打造能够吸引粉丝的产品？如何进行“‘粉’营销”？……而这一切问题的答案，都藏在您手里的这本书中。

学习经济学的目的之一，就在于通过理论指导实践。写作这本书的目的就在于通过采撷和分析业界专家精英的思想和观点，结合丰富的案例，把“粉丝经济”的“前世今生”深入浅出地阐释出来，希望读者们在了解和认识“粉丝经济”后，能结合实际情况，将其加以运用。

最后，笔者想说，由于个人能力有限，本书在很多方面或许存在一定程度的欠缺和不足，希望广大读者能够将其看作一个获得知识的窗口、一个交流分享的平台，以更宽容的态度来对待书籍和知识。

开卷有益，让我们一起来认识和学习“粉丝经济学”吧！

目录

CONTENTS

第四章　粉丝体验
十个人知道，不如一个人喜欢

第五章　品牌管理
要“鱼”更要“渔”，好的品牌只做不说

第六章 极致产品
东西有“营养”，才能培养铁杆粉

第七章 粉丝营销
造“粉”时代，从传统营销到“粉”营销

第一章
粉丝经济

"互联网 +"时代，行行业业通"罗马"

粉丝经济：用粉丝重构互联网时代的价值

从农耕时代、工业时代到信息时代，技术成为不断推动人类创造出新世界的力量。早在 2014 年，央视就已通过大型纪录片《互联网时代》的方式，以国际化的视野，站在人类社会的高度，来为我们展示了所谓“互联网时代”的历史背景、未来发展的可能性以及对人类社会、人类文明的深远影响。特别是在近十年间，相信我们每个人都有深刻的感受，互联网带给人类的变革，已经涉及到了经济、文化、社会等各个方面。

然而，随着时代的进步和技术的发展，互联网已经结束了它的第一幕，悄然地拉开了第二幕。今天我们所要讲的，已经不是互联网时代，而是更进一步的“互联网 +”时代。

什么是“互联网 +”时代

所谓“互联网 +”，它代表一种新的经济形态，是指依托互联网信息技术，充分发挥互联网的优势，实现与传统产业的联合，以优化生产要素、更新业务体系、重构商业模式等各个途径来实现经济转型和升级，最后实现社会财富的增加。

通俗来说，就是任何一个行业与互联网进行结合的话，效率就会得到很大提升。尤其是在中国，市场经济发展到今天，仅有几十年的历史，我们传统产业和主流产业的运营效率和欧美等发达国家相比还是有很大差距。在这样的背景下，如果能将产业与互联网相结合，就有可能超越其他国家，使得产业发展更具效率。

国内“互联网 +”这个概念的提出，最早可以追溯到 2012 年易观国际董事长于扬在易观第五届移动互联网博览会上的发言。他认为，“在未来，‘互联网 +’的公式应该是我们所在的行业的产品和服务，在与我们未来看到的多屏全网跨平台用户场景结合之后产生的这样一种化学公式。我们可以按照这样的一个思路去找到若干这样的想法。”

正如他所说，“互联网 +”时代，要求我们的传统产业依照这样一个思路去实现商业模式的重构。因此，如何实现传统产业与互联网的结合，如何找到产业的“互联网 +”，以及如何去利用它创造更大的财富和价值，则是值得我们深思的问题。

什么是“粉丝经济”

“粉丝”是英文“fans”的音译，最早是用来形容对于某项运动、表演艺术或者某个名人等的狂热追随者和支持者。有些时候会略带一些贬义，比如“脑残粉”一说，就是暗指这些支持者对于所喜爱的事物的支持超出理性、不经思考。

而“粉丝经济”的这个概念最早诞生于一个名为“六间房秀场”的网络直播平台，平台中的草根歌手通过在网络上的演艺积累了大量忠实的支持者，这些粉丝通常会通过购买“鲜花”等虚拟礼物来表达对主播的喜爱，在节日或是歌手生日时，虚拟礼物的消费行为更为活跃。网络上有相关的调查数据指出，每个粉丝的月消费，高达数百甚至上千元，数额之大，十分惊人。

所以，顾名思义，“粉丝经济”则是指架构在粉丝和被关注者关系之上的经营性创收行为，被关注者通常是明星、艺人或是各个行业的名人等。较为典型的应用领域是音乐产业。在音乐产业中，艺人的粉丝处于对艺人的喜爱而购买唱片、演唱会门票、KTV 点歌版税等经济行为所形成的收入，就是“粉丝经济”所带来的价值。

粉丝经济是打开“互联网 + 时代”的钥匙

由 80 后青春作家郭敬明导演的影片《小时代 1》在其未上映之前已受到了来自各大媒体的关注，虽然“吐槽”和质疑的声音居多，但是影片在正式公映的首日即拿下了 7300 万票房的傲人成绩，打破了国内 2D 电影首日的记录。如今,《小时代》系列影片已经拍了四部，尽管影片的评价不高，但毋庸置疑的是，其票房成绩都是漂亮的。

这一切，正是得益于导演郭敬明及其原著《小时代》的影响力。郭敬明本人曾于 2014 年荣登中国福布斯名人榜的第 27 名，这作为一个 80 后青春作家而言，其影响力之大是可以想象的。其创作的小说《小时代》自于杂志连载刊发以来就备受读者的关注和追捧。正是这两方面所积累的数以万计的粉丝，才有了电影《小时代》现在的票房成绩。

美剧《迷失》在播出时也造就了万人空巷的局面，积累了庞大的粉丝群，甚至当播出时间与奥巴马演说撞车时，奥巴马都为其让路了。而就在这部剧的播出期间，剧中出现的一本名为《Bad Twin》的书，由于带着《迷失》的影响力，这本书受到了广大热情粉丝的疯狂抢购，短短一个月内跻身最畅销书籍的排行榜。类似的，在电影《北京遇上西雅图之不二情书》中，男女主角通过一本名叫《查令十字街 84 号》的书发生了一段奇妙的故事，而随着影片的播出，这本书的销量也大大提高。

这样的事情还有很多很多，充分地展示了粉丝惊人的影响力。没有任何利益的驱动，没有法律或是纪律的规定和约束，粉丝们就这样完全自发地为他们喜爱的人和事物掏腰包，贡献经济价值，甚至是以粉丝群体组织的形式集体贡献更大的价值，产生强大的影响力。

而在今天的“互联网 +”时代，如何创造更大的收益，产生更大的影响力，答案无疑也是——粉丝经济。

要玩 O2O，先弄懂粉丝经济

日常生活中，人与人之间的交往免不了各种各样的聚会，比如同事聚餐、朋友聚会、情侣约会等等。从前遇到这种情况，我们一般只能通过朋友推荐、实地体验等方式去了解和寻觅聚会地点或商家，而在当今的“互联网 +”时代，我们早已告别从前的繁琐和不便，每个人只需要拥有一台智能手机，通过手机上的 APP（第三方应用软件）甚至只是公众平台，就可以轻松了解到很多商家的有关信息，并且可以进行服务预订、在线支付等功能的操作，非常便捷。这样的模式就称为 O2O 模式，而弄懂和玩转粉丝经济，则是促进这种 O2O 模式更好更快发展的重要一环。

进一步了解 O2O 模式

随着互联网的快速发展、电子商务的迅速崛起和其模式的演变，一种新型的消费模式 O2O 已经快速地在市场上发展了起来。在这之前已发展得非常成熟的是 B2B（Business-to-Business）、B2C（Business-to-Customer）商业模式，即买家通过购物平台在线拍下商品，由卖家打包好商品，通过物流公司将订单发出，再由物流快递人员将商品派送到买家手中，从而完成一整个交易的过程。通俗来说，我们称这个过程为网络购物。这种消费模式大大方便了我们的生活，受到了人们的喜爱和欢迎。然而，它只是满足了我们的一部分需求，很多消费是必须要到实体店去实现的，例如餐饮、电影、美容、健身等等，简单的网络购物显然无法满足。于是，O2O 商业模式应运而生。

O2O（Online-to-Office）营销模式又可以称为离线营销模式，指的是通过线上营销、线上购买带动线下经营和线下消费。即实体店商家可以将自身的有关信息通过互联网上的平台推送给客户，利用服务预订、在线支付等功能把线上客户发展为线下客户。这就非常适合一些必须到店消费的商品或服务，比如餐饮、健身、美容等，很好地弥补了 B2B、B2C 模式的不足。

对于消费者而言，O2O 模式的好处有：一是使消费者足不出户，轻松了解更丰富多元的商家及其服务的有关信息；二是可以通过线上咨询、网络预订、网络支付等多种功能，快捷方便；三是相对于线下的直接消费，消费者通常还会获得一定的折扣或优惠。这些好处，使得 O2O 模式越来越受消费者欢迎。

而对于商家而言，O2O 模式同样也有非常大的吸引力：一是可以通过网络加大对于自身的宣传推广力度，有助于吸引更多的消费者到店消费；二是通过网络平台，可以清晰地统计和查询到自身推广的效果、客流量等，还可以对营销效果进行追踪和评估；三是可以掌握客户的有关数据，有助于提高对于老客户的维护效果，提高服务品质；四是通过在线预订、网络支付等方式，节约了一定的运营成本。

而连接商家与消费者的媒介，则是各种 O2O 平台。例如，广为人们所熟悉的团购网站美团网、大众点评、百度糯米等，就是典型的 O2O 平台。而 O2O 发展到今天，自媒体也已经成为了另外一个较为成熟的媒介。

粉丝经济与 O2O 模式的联系

在网络上寻找消费者，通过需求和价值的双向传递把它们引导至实体店中，从而实现营销目标，这就是 O2O 营销模式成功的关键。而粉丝的数量和质量则是线上商家的必争点。因此，如果不懂粉丝经济，怎么能更好地玩转 O2O 呢？

在这里，首先介绍一下关于粉丝经济在 O2O 模式中的三种解读：

第一种，是通过名人效应，这类粉丝的关注对象通常是明星、偶像和各行业的名人，粉丝们在一定时间内聚合力强、关注度高，时间长久的还可以用情感因素继续推广营销。

第二种，是基于 K.K.（凯文·凯利）的“1000 个铁杆粉丝”理论的解读。他指出，要把粉丝发展为“铁杆粉丝”，就是那些会买你所有商品的人，任何行业只要有 1000 名铁杆粉丝，就可以轻松获取利益了。此类体现最好的就是音乐产业领域，在如今盗版横行的时代，铁杆粉丝依旧会因为对于他们偶像的热爱而坚持购买正版唱片，从而支持了音乐行业人群的创作和生存。

第三种，是“社群”概念。当拥有共同喜好、共同价值观的一群人聚集在一起，组成一个社群。商家基于他们的需求和喜好出售商品，也就是说投其所好，他们喜欢什么，商家就卖什么，这就是粉丝经济的“社群”概念。

第四种，是“粉丝营销”。首先要求你把一般的商户和消费者培养成粉丝，也就是忠实狂热的支持者。当你积攒了一定的粉丝，在活动中让粉丝从中获取利益价值，引导粉丝转换角色，从原本的“消费者”转换为商品和服务的“销售者”或“推广者”，通过粉丝效应，加大推广力度，提高影响力，从而促进经济效益提高。

而成功的O2O模式，则是要充分地利用粉丝经济中“社群”和“粉丝营销”的概念。首先是基于好的产品和服务，吸引和培养粉丝，然后将良好的用户体验通过粉丝效应传播到更为广泛的渠道中，不断地扩大原有的粉丝社群，提高社群的粘性、凝聚力和粉丝的忠诚度，再就是运用“粉丝营销”模式，让粉丝去帮助你推广和销售产品或服务。例如小米手机的营销模式、陈坤的自媒体营销、我们所熟悉的“罗辑思维”，这些都是较为成功的例子。

因此，可以大胆地说，要成功玩转 O2O，通过它来获取经济效益，弄懂和利用粉丝经济至关重要。商家应该要充分意识到这一点，想方设法去更好地利用粉丝经济。

粉丝红利，有粉丝就有红利

“罗辑思维”的创始人、人称“罗胖”的罗振宇，于2013年8月发起了一场轰动营销界的会员募集活动，他募集了500名铁杆粉丝和5000名发起者，粉丝会员费是1200元，发起者的会员费是200元。在6小时内，一共有5500名活动会员成功转账。也就是说，罗振宇通过这个活动，在短短6小时内获得了160万元的经济收益。

这个事件，在国内微信营销中，堪称典范，被广为流传。罗振宇营销成功的原因是多方面的，但最主要的有两点：一是粉丝的力量；二是罗振宇对于自媒体的尝试。“罗辑思维”是一个互联网知识社群，包括微信公众号、知识类视频音频节目、微信群等多种形式，它以“有种、有趣、有料”的口号，吸引了广大爱读书、积极进取的知识青年的关注和支持。大约只花了半年时间，就凝聚了数十万铁杆粉丝。正是因为有了这些铁杆粉丝的踊跃支持，罗振宇才能获得数目庞大的红利。

粉丝愿意主动消费

粉丝对于自己喜爱的明星，总是十分慷慨的，不管是演唱会门票、唱片或是其他周边产品，粉丝们都愿意为之买单，无需任何外力的作用。张学友2015年专辑《醒着做梦》的销量是30万张，我们假设每一张唱片的收益是20元，那么张学友这张专辑就可以获得600万元收益。可见，粉丝所带来的红利是相当可观的。而粉丝越多，红利则越大。

这道理放在品牌产品的粉丝身上，也同样适用。小米品牌拥有数百万忠诚的“米粉”。在小米成立两周年时，就有上千名“米粉”从各地赶到北京去抢购小米手机。小米 CEO 雷军在现场公开发售 10 万台小米手机，仅过了 6 分零 5 秒便被一抢而空。6 分零 5 秒，多么惊人的数字！虽然笔者对手机的成本不了解，不敢随意估计，但是这 6 分钟所创造的红利想必也是相当大的。

“罗辑思维”的成功，可以说是引发了微信营销的热潮。大家意识到了：原来自媒体可以这样玩，原来粉丝可以带来如此惊人的收益。

另一个知名的互联网知识型成长社群是由李笑来创办的“学习学习再学习”，其主题是“通过学习获得重生”“七年就是一辈子”等等，它通过打造一个每天推送优质文章的微信公众平台，开发一个名为“新生大学”的 APP，以及推出了一本免费书籍《新生——七年就是一辈子》等方式，聚集了一大批热爱学习、积极上进的粉丝。接着，他推出一种收费社群的方式，以打造优质社群的方式招募会员，目前的会员费已达到了每人每年 7000 元的标准，随着人数的增加继续上涨，最高涨至 28000 元。截至 2015 年 12 月 23 日，其会员数量是 301 人，李笑来通过这个方法已经募集了超过百万的会员费。而且，相信在李笑来的人格魅力及优质社群的吸引下，会员人数将会越来越多，而这部分粉丝红利也会越来越大。

粉丝主动为你做推广

2015 年 8 月，重庆市轨道交通 1 号线沙坪坝站的站厅被偶像组合 TFBoys 给“承包”了。站厅内的广告灯箱换成了组合成员王源和王俊凯的照片，墙上也贴满了他们唱过的歌曲名。不过，砸钱买下这个站厅的并不是他们本人，也不是他们的公司，而是四名女大学生。据说，这四名女学生是 TFBoys 的铁杆粉丝，她们攒下了自己的实习工资、奖学金和压岁钱，共计 12 万元，去帮她们的偶像 TFBoys 做宣传，只希望能有更多的人认识她们的偶像。可以看出，粉丝的力量是非常强大的。粉丝不仅可以主动为喜爱的明星消费，还可以主动去帮偶像做推广。

同样的道理，当产品的粉丝主动为产品做宣传时，就可以以口碑的形式去传播，加大产品的知名度，挖掘更多的潜在粉丝，从而加大红利。例如，2015 年 9 月，新一代苹果手机——Iphone6s 正式发布，这个消息对于“果粉”们来说无疑是重要非凡的。可对于不是苹果粉丝的一般消费者而言，也许具体什么时候发布也不会主动去了解。可这个时候，“果粉”在买到新一代苹果手机后，便会迫不及待地将使用体验“晒”在朋友圈，分享给身边的人。这个行为，就是主动帮苹果做宣传。于是就算不是“果粉”的我们，也会在朋友圈或朋友口中了解到苹果的资讯，提高对它的关注度，甚至成为潜在的“果粉”。

粉丝社群使红利成倍增长

基于共同兴趣爱好、共同目的、价值观趋近的粉丝，在通过不断地互动以及加以正确引导后，或主动或被动地，建立一个个社群。在社群里，大家可以充分交流想法、分享资讯、收获知识，还可以建立友谊，互相关心和帮助。正所谓“物以类聚、人以群分”，社群会使得粉丝更具粘性和凝聚力，从而发挥更大的力量。

正是因为粉丝社群相较于分散的粉丝个体，多出了这些个特性，这就有助于其创造出比粉丝个体更多的红利。从某个层面上来讲，“罗辑思维”“新生大学”这样的粉丝经济就是以打造社群的模式，社群里的粉丝共同学习、共同成长、相互分享，自然也会相互影响，这就有助于提高粉丝的忠诚度和凝聚力。此时，通过微信营销的模式，推出产品或付费服务，让粉丝带动粉丝，以点带面，就会比分散的粉丝个体带来更大的经济效益。

因此，在“互联网 +”时代，粉丝即是红利。要想获得更大的红利，先要培养更大的粉丝群体。

粉丝经济：传统企业转型互联网的突破口

对于煎饼果子、豆浆油条这一类价格实惠又接地气的传统小吃，相信大家一定不会陌生吧？早餐时间，如果能吃上一份热腾腾的煎饼，再来一杯甜丝丝的豆浆，那绝对是最佳搭配。可你是否有想过，这类看上去上不了台面的传统小吃，居然可以成为街知巷闻的品牌呢？

“黄太吉煎饼”就是这样一个成功的案例。黄太吉煎饼，它最初位于北京市建外 SOHO 西区 10 号楼一层，店内只有 15 平米左右，不到 10 个座位，规模非常小。但是，就是这样一个小煎饼档口，在其开业不到一年，收入就实现了 500 万元进账，其新浪微博粉丝多达数万个，品牌被风投估价高达 4000 万人民币。

毋庸置疑，这个数字是庞大而惊人的。那么，黄太吉煎饼这一品牌的成功给了我们什么样的启示呢？

传统企业转型“互联网 +”

提到黄太吉煎饼，自然会让人联想到听上去同样上不了台面的另一传统小吃品牌——掉渣烧饼。作为土家烧饼家族中的一员，掉渣烧饼曾经打着“中国式比萨”的宣传口号，以最简单的面粉、碎肉、葱花等原料制造而成，以经济实惠的价格，利用特许加盟连锁的经营方式，在 2005 年初横扫了全国各大城市的大街小巷。但不到一年时间，它便迅速由盛而衰，如同昙花一现。

为什么掉渣烧饼最后会落到那般境况呢？仔细分析，掉渣烧饼店内唯一销售的产品只有烧饼一种，非常单一。对于消费者来说，只是因为吃一块干巴巴的烧饼而去光顾你的店，这种热情很难持续。并且，企业在经营和推广方面采用的也是传统单一的方式。

再看看黄太吉，先从其产品入手分析。只要光顾过黄太吉的顾客或是研究过它菜单的人，就会发现，它卖的不仅仅是煎饼，还有豆浆、油条、豆腐脑、秘制肉、风味卷、凉面等多达数十种食品，以满足不同口味人群的需求，且产品各具特色、风味独特。不仅如此，黄太吉煎饼有别于其他品牌的做法是：它坚持使用不含明矾的现炸油条做馅，打造健康品牌的煎饼果子。

而更重要的是，虽然作为一项传统产业，黄太吉在经营方式、品牌传播手段上并没有采用传统的方式，而是懂得转向“互联网 +”。

它几乎利用了所有网络平台来做营销，例如微博、大众点评、微信、陌陌等，通过这些平台来发布促销打折信息，以及推出网络订餐的服务，吸引线上的消费者到线下的实体店消费，这就是 O2O 营销模式。此外，它十分注重顾客反馈意见，比如在推出新产品时，先推出 3—5 天的试吃活动，根据顾客的反馈意见逐步调整口味，然后再正式推出。而推出时又结合类似于“饥饿营销”的模式，限时限量、提前预订。这些思路，是在传统产业中很少企业尝试的。

因此，从“黄太吉煎饼”这一成功案例中，我们可以看到：传统企业要实现转型，应该要充分地结合互联网。

转型互联网，离不开粉丝经济

在上面提及的黄太吉煎饼的例子中，不管是其 O2O 营销模式，还是“饥饿营销”模式，都离不开粉丝经济。透过它，我们可以发现，粉丝经济是传统企业转型互联网的突破口。

下面，让我们再来看另一个传统企业转型的例子。

传统教育企业尚德机构，在探索转型互联网的战略时，就开始玩起了粉丝经济。其模式主要是利用粉丝经济的第一类——名人效应。利用明星或是行业名人聚拢粉丝，造就粉丝效应，这样的做法可能并不新鲜。可是，尚德机构作为一家教育培训机构，如果只是简单地通过请明星代言的方式，就必须得考虑到其中的一个弊端——明星所能聚拢的粉丝，并不一定能够成为切切实实的客户。试想一下，金嗓子喉宝找足球明星罗纳尔多做代言人，他的粉丝会因为支持罗纳尔多而去购买金嗓子吗？恐怕不多吧。

于是，他们大胆启用年轻总裁刘通博为自身企业代言。具体的做法有：一是通过在北京人流密集的地铁站发布广告，广告的内容是 28 岁的刘通博与粉丝说的话，类似于“还等什么，再等，青春就老了”等鼓励人心的话语；二是推出微信公众号“尚德机构公会”，并为刘通博的粉丝开设固定栏目“我是通心粉”，让粉丝们聚集在一起，每天可以与刘通博沟通交流。

在尚德机构的广告中，例如“学习、改变、奇迹”这些主题，是用刘通博自身的经历来讲述和传达给大众的，通过自身努力奋斗的经历去引发用户的共鸣，特别是抓住北漂群体的心理，吸引他们关注并且使用尚德机构的服务。这会比单纯的只是“满足客户需求”更能吸引粉丝。更进一步，尚德通过自媒体的方式，建立粉丝社群，这既让粉丝可以近距离接触刘通博，也可以加大粉丝的粘性和凝聚力。还有助于企业更好更快地了解粉丝的需求，从而进一步增加产品的覆盖范围，改善自身的服务。

类似这样的传统企业转型互联网的例子还有很多：蒙牛与百度合作推出二维码可视化追溯牛奶“精选牧场”，将“牧场”放上云端；加多宝上线了“金罐加多宝 2015 淘金行动”，与京东商城等进行紧密合作等等。这些案例成功的共性是：在充分应用互联网思维的前提上，懂得利用“粉丝经济”作为突破口。

“圈子营销”，创造粉丝经济时代的价值

人是社会性动物，正所谓“物以类聚、人以群分”，人类是倾向于群居的，没有一个人，能够完全脱离群体，独自活在这个世界上。早在互联网没有普及之前，人类就已经以“部落”“圈子”的形式存在了；而在如今的互联网时代，网络使得地球变得越来越小，人与人之间的距离越来越近，志趣相投的人们会利用互联网去组成一个个“圈子”。

点开“百度贴吧”，随意输入一个知名度较高的名人的名字，我们就可以看到专属这个名人的一个讨论区（当然，也许不是每个名人都有），讨论区上汇集了这个名人来自五湖四海的粉丝，他们会聚在这个虚拟的社区里，讨论和分享有关他的信息。这就是“圈子”——具有相同喜好、价值观趋近的一群人所建立的社群。“百度贴吧”是提供给社群进行线上活动的其中一个平台，社群文化发展到当今，这样的平台还有很多很多，例如网络论坛、豆瓣社区、知乎等等。

在粉丝经济时代，要靠什么获取利益？毋庸置疑，答案当然是粉丝。而粉丝以分散的个体存在，其所能创造的影响力和经济收益显然是有限的。人们发现，当粉丝以“圈子”的形式存在时，由于粘性和凝聚力等方面的影响，会迸发出巨大的能量。于是，“圈子”——也就是社群，在商业中扮演着越来越重要的角色。

社群营销适用所有行业吗

2010 年，小米品牌在“和米粉做朋友”的社群理论指导下，在同行业众多品牌中率先进入粉丝经济模式。小米的发展速度无疑是令人震撼的，从品牌的诞生到跻身行业前几名，小米只花了短短几年的时间，并且引发传统行业竞相学习。小米的成功，离不开它公司架构与营销模式的创新。小米与其他传统企业不同，其公司架构更像一个简单的部落，雷军自己作为部落的领袖，两名合伙人各自下设部门，部门又分配对应的主管和职员。也就是说，小米的企业结构只有简单的四层——雷军、合伙人、部门主管、员工。

在营销方面，小米简直可以说是玩转了社群粉丝经济。它一开始先从刷机论坛中挑选出了 100 名精通手机的用户，让他们成为小米社群的关键意见领袖。领袖所起的作用，不仅是参与小米新产品的研发设计，给予意见反馈；还可以不断地发展粉丝规模，扩大粉丝社群。小米的思路与传统企业不同的地方在于，它先用高性价比的产品吸引用户，再将用户发展成为小米的粉丝，组成粉丝社群；同时注重用户体验，不断地根据粉丝意见改进产品和服务，再进一步扩大粉丝社群。如此形成良性循环。

然而，社群粉丝经济的营销模式是不是适合所有行业呢？社群的主要组成成员是领袖、铁杆粉丝和一部分潜在用户，用户体验、意见或评价可以通过互联网虚拟社区迅速地传播和分享，因而这种营销方式更适合于依赖用户体验的行业，例如电子产品、汽车行业等。

众所周知，汽车行业特别依赖于用户体验。当客户需要购买汽车的时候，一般都会听取身边已购车人士的意见。这个时候，已购车人士通常都会发表其对于自身汽车的使用体验。而像快消品行业，由于产品太简单，很难让人有体验或引发大家谈论的话题，所以社群经济营销对于这类行业而言，可能就效果不大。

社群与商业生态密切相关

我们前面说到，当粉丝个体因为共同的兴趣和喜好就会组成圈子——也就是社群。但是，与社群定义相关联的，不仅是粉丝和兴趣，还有更为复杂的商业生态。

什么是商业生态？举个简单的例子：在过去，人们对于居住的需求较为简单，只要“居者有其屋”就足够了。但是慢慢地，由于人们对于居住环境的要求越来越高，加上经济社会的发展，对于房屋的选择越来越多。房地产商们为了竞争，就会不断地推出新的策略，例如在一个小区里建商场、幼儿园、各种娱乐设施等等，增加购房的附加价值，改善人们的居住环境。这样的现象逐渐增多，就形成了一种商业生态系统。这样的生态系统在不断地完善和发展，消费者们会得到更多的良好体验，拥有更好的服务体验，逐渐形成一个较为完善的商业体系。

而商业社群生态则是基于互联网商业和产品的，以网络为载体，不局限于时间和空间的生态。它具有重要的价值，最根本的是实现社群内成员在不同层面上的需求。

建设社群生态不像是组合普通的商业环境那么具体，它更多的是抽象的。社群内部成员需求主要有以下五个层面：产品体验、信息补充、归属感、参与感、认同感。

我们还用小米的社群营销模式来当例子。小米社群内部粉丝的第一层需求是对小米手机、小米盒子、小米系统等方面产品的体验；第二层需求是希望获知社群同伴的体验；第三层需求是提出的体验得到社群同伴的认同，获得归属感；第四层需求是希望可以提出自己对于产品的改进意见，被他人肯定和采纳；第五层需求是希望自己的反馈可以让产品得到改进，而自己能够获得更好的体验和服务。

小米的社群营销的成功之处，就是它善于将以兴趣为依托的社群的初级形态上升至更具价值的社群生态。这给我们的启示是：在互联网时代，要想让社群产生经济价值，不应该只是为了做产品而做产品，而应该充分了解社群生态中的五个需求，从粉丝的角度出发，为社群成员提供他们需要的产品和服务。

把握商业本质，客观对待粉丝经济

在笔者的理解中，商业的本质是交换，然后从交换中获得剩余价值。通俗来说，就是你想赚钱，就得拿出点什么东西去和他人交换，并且定价要比成本高，这样才能获取收益。当然，这只是“一手交钱、一手交货”最简单的商业模式，实际情况要复杂得多。货物如何获取、通过什么渠道去交换、利用什么方式去推广、如何获得客户、用什么方法可以加快交换速度等等，需要考虑很多方面的因素。

互联网的发展，突破了传统商业的时间空间壁垒，苹果等品牌创造的粉丝神话，引发了粉丝经济的热潮。诚然，在互联网时代，企业如果能够玩转粉丝经济，可能会获得更大的经济利益。但是，我们需要清醒地意识到，粉丝经济并非无懈可击，并非任何领域任何行业都合适；如果经营不善，也有可能会造成反效果。

粉丝数量越多，经济效益就一定越好吗?

粉丝有“一般粉丝”与“铁杆粉丝”之区别:“铁杆粉丝”是指对品牌产品十分忠诚、有高度情感依赖的粉丝群体，这样的粉丝，数量往往不多；而“一般粉丝”可以有很多，甚至一夜之间增加很多，但是很多粉丝并不会给企业创造实际的经济利益，有不少只是奔利而来，逐利而走，非常不靠谱。

早在前几年，美国知名快餐品牌汉堡王就用两次活动来证实了这个现象的存在。第一个活动是，汉堡王推出一款主题为“删除好友换取汉堡”的应用，用户只要在自己的“脸书”上删除 10 个好友，就可以免费换取一个汉堡王的汉堡。这个活动在短短一周内，有约 8 万人参与，并且删除了“脸书”上好友数量约 24 万。“脸书”见形势不对劲，立马封杀了这个应用。第二个活动是，汉堡王推出了一个让人哭笑不得的“求掉粉”活动，汉堡王的粉丝只要承认自己是僵尸粉，并且愿意被汉堡王拉黑，就可以获得一个免费汉堡。活动过后，汉堡王原有的 38000 名粉丝只剩下 8481 名。这就说明，很多所谓的“粉丝”并不是真正的粉丝，他们随时会跑掉，更不可能为你创造经济效益。

借助名人效应聚拢的粉丝，也是相对不稳固的。很多企业会邀请当红明星来当产品的代言人，借助名人的影响力来提高品牌产品的知名度。这种做法无可厚非，也确实能够赚取粉丝的眼球，获得一定的经济效益。但是，我们也必须意识到一个现象：娱乐明星一旦有负面新闻曝光，其影响力就会大大下降，粉丝同样也会弃之而去。

还有一种情况是，当产品一成不变、没有进步，满足不了粉丝日益增长的需求时，粉丝同样也会转身离开，寻求更好的替代产品。例如风靡一时的开心网，每天有很多用户登录，甚至调好闹钟只为半夜起来“偷”一棵菜。可是这种现象并没有持续多久，开心网的新意很快就被耗光了，一成不变的内容让人生厌，粉丝自然就“粉转路人”了。

不管是汉堡王推出的活动、明星吸引的粉丝，还是开心网的例子，这些现象统统都向我们展示了：在互联网的世界里，所谓的“粉丝”是多么不牢靠。只是一个汉堡，就可以让所谓的“粉丝”放弃好友，背弃品牌。忠诚都做不到，怎么可能创造经济效益？因此，在粉丝经济的强大魔力中，企业必须保持清醒的头脑，清晰的思路，不能单纯依靠经营粉丝就想获得经济效益。

回归商业本质，打造明星产品

尽管苹果公司是粉丝经济的代表，苹果品牌在粉丝营销上引发了众多互联网企业的借鉴。而且，历经多年的经营，“果粉”群体无论在规模方面，还是忠诚度方面，一直都是保持稳步上升的趋势，这是其他品牌的粉丝群体所不能比的。而苹果公司能够玩转粉丝经济，成功进行粉丝营销，最根本的原因是：苹果产品无论在外观、性能、品质方面，几乎能够达到优秀的水准；而且，苹果公司十分注重用户的需求和体验，在同类产品中，苹果产品往往能够给人惊喜。

在商业领域，要打造明星产品，是非常高难度的。明星产品不仅要保证质量高、外观好、满足用户的使用需求，还要给用户带来愉悦的心灵上的体验，也就是满足其精神上的需求。在这个基础上，如果能够附带品牌精神，或者人格魅力，那么就可以提升产品本身的魅力和影响力，从而吸引粉丝的追随。

苹果产品如果只是因为产品本身的优秀，可能也不足以成为历久弥新的明星产品。除了产品本身，苹果品牌与众不同的文化，创始人乔布斯自身的人格魅力，这些都是提高“果粉”忠诚度的重要因素。但是，像乔布斯这样伟大的“灵魂人物”，历史上恐怕不多，企业也不能无中生有。所以，企业还是应当把关注点放在自身产品的打造上，争取从高性价的产品出发，努力提高用户体验，去吸引更多的“铁杆粉丝”。

总的来说，粉丝经济具有很多强有力的优势，并且在当今的互联网时代受到不少品牌的大力追捧。每一个企业，都希望能在粉丝经济这个大蛋糕里，分一杯羹。但是，企业在发展的过程中，不要忘了应该更多地去考虑商业的本质，从打造自身的产品，提高用户的满意度出发。粉丝经济形成困难，覆灭容易，利益的驱使或是明星效应的破碎都会导致粉丝社群迅速解体。所以，不能盲目地去进行粉丝营销，必须辩证客观地看待。

迷失在互联网浪潮：成也粉丝，败也粉丝

我国浙江卫视推出的大型歌唱比赛节目《中国好声音》（现已更名为《中国好歌曲》）自2012年播出第一季以来，凭借着节目的新颖形式、明星导师的号召力、选手的歌唱实力等各个方面的因素，吸引了一大波粉丝的关注。该节目借势陆续推出第二季、第三季，到如今的第五季，包括举办的几场演唱会，无不受到了狂热粉丝的大力支持和推崇。

此番浩大的声势，很容易让我们回想起2005年轰动一时的《超级女声》节目，同样是因为粉丝的疯狂推崇，使该档节目在当时形成了极大的影响力。“李宇春”这三个字，一夜之间成为了炙手可热的品牌。

这些节目的成功及创下的收益，带给我们的启示是：粉丝具有极大的影响力，是决定一个明星、一档节目的关键。对于明星是如此，对于产品，亦如是。

“粉丝思维”与“互联网思维”

如今所处的互联网时代，正是一个粉丝的时代。可以说，有粉丝才会有市场，有粉丝才会有收益；粉丝越多，品牌的口碑就会越好，粉丝越多，企业才能做得越大。

这个概念就被称为“粉丝思维”。早在2005年，李宇春的粉丝被称为“玉米”，何洁的粉丝则叫“河粉”……现在，产品也有粉丝，产品粉丝的群体也有了他们专属的亲切可爱的名字：喜爱苹果产品的叫“果粉”，喜爱

小米产品的叫“米粉”……因此，不管是大品牌，还是小品牌，所有的企业，都已经逐渐明白粉丝的重要性，开始注重粉丝的价值，以及陆续开始“养粉丝”。

如今，网络购物已非常盛行。从 2009 年到 2013 年，网络购物在广大网民中的使用率已经从 28.1% 提升到 48.9%。网络购物平台从最初的易趣网等极少数平台，发展到如今的淘宝网、京东商城、苏宁易购、唯品会等多个平台互相竞争和促进。而相反，网络新闻、网络游戏、网络社交平台等使用率则止步不前，甚至在逐年下降。这些，无不告诉我们一个现象：互联网已经不再只是单纯的娱乐性质的消费型平台，如今已成为了产生价值的生产型平台。

随着互联网的转型，不少传统行业也意识到了，应当依照当前的趋势实现转型，即转向与互联网接轨的信息化企业。

这就是“互联网思维”。我们已经可以非常深刻的感受到，互联网已经成为社会生产的新工具，以及进行科技创新的新平台和提供公共服务的新手段。各行各业，均可以充分利用互联网，开辟一个前所未有的新天地，于是就有了互联网金融、互联网问政、互联网汽车销售店、互联网食品店，等等。

成败皆因粉丝

在互联网时代，粉丝是最重要的。比如，在苹果新产品发布会的现场，我们可以看到人山人海的粉丝们表现出来的对于苹果产品的高度热情，他们迫不及待地想要率先体验这款新产品，并热衷于向其他人分享自己的感受和心得。

粉丝之所以叫“粉丝”，而不是一般的用户或消费者，是因为他们对于一个产品或品牌的喜爱和痴迷，主要有以下几个方面的表现：一是对于该品牌产品的收藏行为。不少粉丝因为喜爱一个品牌，会收藏该品牌的不同系列产品，例如 NIKE 运动鞋的铁粉，必然希望自己可以拥有 NIKE 各个系列的鞋子；二是对于该品牌有关信息的收集行为。作为该品牌的粉丝，如果自身了解该品牌的历史、有关的新闻或信息，他们会因此产生优越感并且乐于分享；三是粉丝们喜欢参加社群活动。粉丝会因为彼此同样痴迷一个品牌而组成社群，社群使得来自五湖四海的粉丝们能够在网络上共同讨论相关的产品，甚至组织线下的活动，例如哈雷车友会等。

在网络上，曾经有这么一段关于粉丝的力量方面的比喻：有 100 个粉丝，你就是本校园读物；有 1000 个粉丝，你就相当于一个公告栏；有 1 万个粉丝，你就是一本时尚杂志；如果拥有超过 10 万个粉丝，你就是一份生活都市报；超过了 100 万，恭喜你，已经成为了知名电视台。还有另一项数据也表明了粉丝的重要性：如果一个微博拥有 10 万名粉丝，那么在它上面发布一条信息的价格是 300 元；如果拥有超过 20 万名粉丝，价格则上升到了 600 元，以此类推……这些数据十分惊人，无不昭示着一个事实：粉丝能够创造出惊人的经济效益。

为什么能够创造出惊人的经济效益呢？这是由粉丝的特性决定的。首先，粉丝因为钟爱一个品牌，会主动去了解品牌的相关信息，而不是被动地接受品牌的推广和宣传。其次，粉丝具有的“热衷于收藏”的特性，使得他们不会过多地去考虑产品本身的实用性和价值，而更多的是表现他们对这个品牌的忠诚度。再次，粉丝社群有相当大程度的粘性和凝聚力，特别是铁杆粉丝，他们甚至会为了钟爱的品牌去影响和感染身边的人，使粉丝的群体不断扩大。

当然了，水能载舟，亦能覆舟。一个品牌能否成功，很大程度上靠的是粉丝的数量和质量。而当粉丝不再钟爱这个品牌，弃之而逃的时候，粉丝所带来的负面影响也是非常庞大的，品牌的热度会随着粉丝的流失而迅速地下降。因此，我们说互联网时代，粉丝最关键，成也粉丝，败也粉丝。

互联网思维下，传统企业如何打造粉丝效应

在前面的章节中已经阐述过，传统企业转型互联网，粉丝经济可以作为其突破口。因此这里便不再赘述了。那么，今天来谈谈，传统企业应如何来打造粉丝效应呢？

好的产品和服务是企业成功的第一步

有一些传统企业认为，在互联网时代，人们已不像过去那般注重产品质量，更多的是需要创意或者噱头，以吸引消费者的眼球，这种想法是不对的。

无论什么行业，哪一个类型的产品，要想受到广大消费者的欢迎，好的产品才是企业立足的根本。如果产品本身不过关，再怎么如何转型互联网或是玩转粉丝经济，就算可以暂时实现也很难经得起时间的考验，很快就会被消费者抛弃，甚至退出市场。这个道理很简单，有好产品的企业未必能成功，但成功的企业一定是有好的产品的。

引发“共鸣”，不断吸引粉丝

在互联网时代，人们可以采用各种方式打造自己的品牌，有的方式甚至可以使品牌在短时间内广为人知，但是要获得大家长久的关注却十分不容易。例如“掉渣烧饼”，其品牌成名虽快，但陨落之迅速，也让人惋惜。品牌，不是简单的产品名称或是商标，而是消费者或用户对一个产品、一

家企业观念上的评价和体验时的感受。所以，消费者和用户对品牌的理解和体验使企业在当今的互联网时代所必须考虑的。

如今，不少传统企业已逐渐懂得利用互联网思维实现企业转型。然而，不得不说的是，很多传统企业认为品牌推广、互联网营销模式只是简单地在微博、微信等平台上发布信息，或是进驻某些电商平台。这样的方式，也许在一定程度上可以增加企业品牌的知名度，扩大产品的覆盖范围。但是，如果要想让品牌深深地扎进消费者的脑海中，产生长久的影响力，这样的做法是远远不够的。

企业这样的做法，几乎没有认真考虑过到底自己的消费者群体当中会有什么类型的人？而他们在互联网上的行为又有什么样的特点？他们希望获得怎样的服务和体验？只有充分思考过这些问题，在利用互联网建立和推广自身品牌时，才能“对症下药”，采取效果较好的做法。

传统教育企业尚德机构能够成功打造粉丝效应，正是考虑到这些问题。尚德教育机构的培训学员中，90 后占了很大的比例。90 后这个年龄群体有着怎样的特点？ 70 后、80 后眼中的偶像，大多是建立在接受和欣赏层面的，在对其内容的品质或是人格认可的前提下，建立对偶像的认同感和好感。而 90 后和 00 后对于偶像的喜欢，则往往是出于直接的情感上的好感。这从一个侧面可得知，90 后更容易接受高情感化的产品。

因此，教育机构希望通过借助名人效应扩大粉丝群体，但却不能简单地请明星来当代言人。因为明星与产品并无直接关联，明星也许能吸引一个粉丝群体，但并不能吸引粉丝群体去关注自身的产品和品牌。考虑到这一点，尚德机构不能简单地使用明星代言的方式。

大卫奥格威说过一句话：“每一个广告必须讲述完整的营销故事，文案中的每一句话都要落地有声。”尚德启用企业老总“为自己代言”，用自身的经历去传达产品想要带来的主题，将产品结合故事去营销，这样的方式，恰恰能打动那些正需要努力奋斗、不断提升自我、实现梦想的 90 后，引起他们的共鸣。

利用网络平台，凝聚粉丝力量

相信大家对于“太太口服液”这个品牌一定不会陌生，传统医药企业健康元药业旗下的“太太”品牌受互联网思维的影响，推出了一个名叫“太太”的微信公众平台。“太太”品牌推出的产品主要有三款：一是针对25—35岁女性研发的“太太美容口服液”；二是旨在帮助更年期妇女解除烦忧的“静心口服液”；三是针对贫血及哺乳期妇女群体开发的“血乐口服液”。可以说，“太太”品牌的消费群体是较为广泛的，囊括了大多数年龄段的女性。

有数据指出，中国女性消费者在在社交网络上月均花费的时间比男性高出了30%。这从一个侧面可以看出，女性消费者群体相较男性而言，更有可能成为网络消费的主力军。而事实上，我们在日常生活中也可以发现，网络消费的主体大多数是女性。

“太太”品牌在仔细分析了自身企业的主要消费者群体及其互联网的行为特点后，着眼注重于为女性消费者提供更优质的产品和服务。“太太”微信平台为其消费者提供了一个交流的平台，并通过发布日常女性最关注的潮流资讯吸引她们关注，同时还推出新奇好玩的线上小游戏，例如在七夕情人节推出“指纹蜜码”——通过手机指纹验证，即可测试缘分指数，这样的想法在当时吸引了不少用户的参与和转发。这一系列的做法，都有助于更好地推广品牌，且有助于把消费者变成忠实粉丝，获得她们的长期关注。

除去在公众平台上发布信息、推广品牌外，有一些企业还将它打造成一个在线服务平台。例如，通过这个平台，客户可以轻松订购你的产品，而不需要去其他的网络平台上搜索；此外，还可以为用户提供类似于在线选座、查找附近商家提供增值服务，不断地去满足用户需求。这些都是值得传统企业借鉴的方法。

有了粉丝，还得玩转“经济”。粉丝经济的本质就在于，利用粉丝去创造经济效益。但是，并不是说，只要有了粉丝，经济就自然会来。传统企业在这点上，可以借鉴腾讯、阿里巴巴这样的互联网企业的做法。互联网企业能够成功玩转粉丝经济，原因在于，这些企业拥有自己的商业生态圈，粉丝经济作为其中一环，可以与其他的环节环环相扣，相互作用，进而带动整个商圈发展。

因此，传统企业要玩转粉丝经济，不仅需要考虑如何将普通消费者转变为粉丝，还需要考虑以粉丝需求为中心，去建立自己的生态圈。如此一来，才能真正地激发“粉丝经济”。

粉丝经济，得草根者得天下

网络上有一句流传甚广的话：“得草根者得天下”。这句话放在不同的领域，可以有不同的理解，而放在商业领域，则可以理解为：我们在做产品和服务的时候，不应当只考虑消费能力高的群体，而应该把眼光更多地投放到占比更高的草根阶层上，因为草根阶层的力量不容小觑。我们在做产品和服务的时候，不应当只考虑消费能力高的群体，而应该把眼光更多地投放到占比更高的草根阶层上，则“得草根者得天下”。

先了解一下“草根”群体

“草根”一词，译自英文“grass roots”词组，有人认为它有多层含义：一是指人们平常说到的一些民间组织、非政府组织；二是指与精英文化或精英阶层相对应的弱势阶层。自 20 世纪 80 年代，“草根”一词传入我国后，更是被各行各业赋予了多种含义。笔者认为，“草根”一词放在商业领域，可以理解为与高消费群体相对应的、收入及消费能力较低的阶层。

“草根”群体有哪些特点呢？ DoNews 创建者刘韧在其博客文章《草根的感激》中说：“合群之草，才有力量。”从这句话中，我们可以看出两点：第一，即使是草根，也可以拥有力量；第二，草根阶层需要结合起来，才可以迸发出足够强大的力量。

根据网络上不尽详实的非官方数据显示，中国约有 40% 的人口是草根阶层。当然，我们无法追溯这个说法的来源，也无法获得官方的统计数据。

但毋庸置疑的一点是，草根阶层的人数确实是庞大的。

所谓“众人拾柴火焰高”，即便草根本身的收入和消费能力较弱，但如果能够集结整个草根阶层的力量，那么其合力也是相当大的。巨人集团董事长、大企业家史玉柱曾经开发的一款网络游戏“征途”，尽管很早以前就有媒体报刊对其做过负面报道，但不得不提的是，这款游戏却凭借着草根阶层的力量获得了可观的收益。很多玩家为了玩这款游戏，不惜代价砸重金去买“装备”和“道具”。有统计数据指出，网游用户每年在游戏上的平均花销将近 300 元，而手游用户则高达 900 元，而这些用户普遍都是月收入偏低的草根阶层。因此，我们可以看出：第一，“草根”收入不高，但是消费欲望强大，愿意花钱；第二，很多以“草根”自居的人，还是具备一定的消费能力的。

互联网经济与草根阶层

互联网经济是一种“长尾经济”，企业应该将市场定位为关注“长尾人群”的诉求，而所谓的“长尾人群”，正是比重较大的草根阶层，单个草根的消费能力当然较低，但通过互联网将其聚集起来，便会产生非常强大的消费能力和影响力。

2013 年 6 月，余额宝上线。当时，清华大学的某个副院长在说到这款产品时，言语中表示出对其并不看好：“我的一名学生亲身试验了一次，他在余额宝中存入 1000 元，第二天，里面的存款变成了 1000.18 元。”但是，不到半年的时间，余额宝的注册用户猛增到 3000 万，储蓄额超过 1000 亿元，这相当于当时国内将近 80 家基金公司加起来的总额的 20%；而支持余额宝运作的天鸿基金，也从一度的亏损迅速攀升至当时国内货币基金的首位。

余额宝的目标用户不是“大客户”，而是那些存款额普遍只有 1000 元 -3000 元的小客户，也就是低收入的草根阶层。不可小觑的是，数以万计的草根阶层聚合在一起所迸发的能量是如此强大。尽管互联网理财发展到今天，出于种种原因，余额宝已不是我们的首选。但余额宝当年取得的巨大成就所折射出来的现象，却是值得深思和借鉴的——在互联网时代，“草根”潜能无限。

这样的力量，在互联网行业中屡见不鲜：腾讯QQ有数亿活跃用户，小米手机在QQ空间中花了不到30分钟的时间便售出了100万台；巨人游戏、唱吧、六间房等互联网公司的兴起，正是因为互联网上有数以万计的草根一族在支持。

粉丝经济：如何俘获“草根”的心

有调查数据显示，我国草根人数已经超过了总人数的40%。这个群体如此庞大，蕴含着巨大的经济能量。对于众多产品品牌而言，获得更多的草根用户，就等于获得更大的市场。中国互联网行业在一开始的时候，是依靠免费和低价起家的，这本身就具有“草根经济”的特点。

企业要获得草根阶层的支持，必须做到真正了解“草根”的思维。我们说，“草根”是指收入较低、但消费欲望不低的人群。这里的“消费欲望不低”，仔细去剖析，是因为“草根”有着一颗想要逆袭的心，他们渴望有一天，能够翻身成为“高富帅”，实现真正的高消费。这当中，就有他们对于未来的美好憧憬。

小米正是利用这一点，俘获了广大“草根”的心。在小米的广告中，描述的都是人们在青春岁月中遭遇种种挫折，通过自己的不懈努力奋斗，最终获得成功的励志故事。它成功地将青春、梦想和奋斗等想法扎入了“草根”们的内心中。其实这些情感，也是草根阶层真实心理的反映。

“草根”由于自身收入水平不高，因此会特别渴望拥有一个公平的环境。“拼爹”是不公平的，“富二代”对于“草根”来说是深恶痛绝的，因此品牌产品想要引发草根用户的情感共鸣，从这一点入手也是不错的选择。另外，草根阶层多集中在70后、80后，这一代人有怀旧心理，总想通过某种方式去找寻那份过去的美好回忆。这一点，从电影《致青春》高达 7.26 亿元的票房可以窥探。

总之，要想获得更多“草根”的支持，企业就必须要站在他们的视角去思考，更多地去满足他们的需求，才能俘获“草根”们的心。

第二章
粉丝思维

新互联网时代，得粉丝者得天下

追星族，粉丝的初始形态

20 世纪 90 年代，香港“四大天王”凭借他们的歌唱实力和个人魅力赢得了一大批歌迷的热情追捧；2005 年湖南卫视歌唱比赛节目《超级女声》的推出，使李宇春、周笔畅等人在短短一个暑期内成为众多青春期少年的偶像；而到了 2015 年，少年组合 TFBOYS 的横空出世，吸引了男女老少数以万计的追随者。这类歌星明星的追随者，从前我们贴切地称之为“追星族”，如今由于英语“fans”音译的关系，称为“粉丝”。所以，粉丝的初始形态，其实就是追星族。

“粉丝”不局限于追星族

小 A 热爱文学和写作，业余时间会写写文章，并将其发表在某个文学网站上。因为坚持，且写作水平不错，小 A 的文章阅读量渐渐大了起来。有不少读者甚至每天都会等着他更新，在他文章下方的评论区留言。于是他开始写连载小说，一开始让读者免费阅读几章，接着开始收费，也获得了不少读者支持。那些支持他的读者，就是小 A 的粉丝。新浪微博的每个用户主页上，都会显示该用户被多少人关注，当用户发布新微博消息的时候，关注他的人则可以在自己的主页上第一时间看到，并且还可以点赞、评论以示支持；问答网站“知乎”也是一样，答案质量高且活跃的用户总会有不少关注者。这些都说明了，如今粉丝的关注者已不是单纯的明星，就算是普通的老百姓，也可以通过一些途径去获得属于自己的粉丝。

同样地，品牌产品也可以。苹果的产品发布会总是人山人海，有的用户甚至彻夜排队只为可以早点买到苹果产品，并且他们乐于将体验分享给身边的人，这个用户群体就是苹果产品的粉丝，如今被人们称为“果粉”。小米非常注重用户体验，把用户的需求摆在第一位，从而收获一大批粉丝，也就是我们所熟悉的“米粉”。因此，尽管“粉丝”这一词来源于追星族，可在如今的互联网时代，早已不局限于追星族了。

品牌产品的粉丝与追星族具有类似的特征：他们会出于对一个品牌的喜爱，像一个追星族一样主动去获知关于这个品牌的有关信息，并且乐于分享给身边的人。而且，明星的粉丝拥有“粉丝团”，品牌的粉丝也一样拥有“粉丝社群”。互联网时代，科技的不断发展使得人们的距离变得越来越近，粉丝们可以利用网络组成线上社群。在社群当中，一群有着共同喜好的人会聚在一起，讨论产品，分享有关产品的信息，分享自身的使用体验。这样的行为，使得粉丝彼此会产生“粘性”。

追星族带来的经济效益

在音乐领域中，粉丝们出于对自己偶像的喜爱和崇拜，会不惜花重金购买他们的唱片，或是为了看一场偶像的演唱会省吃俭用买高价黄牛票等，以支持偶像的成名和发展，这就给明星及其公司本身带来了经济效益。但是，追星族所能发挥的价值远远不止于此，疯狂的粉丝不会错过一切与偶像相关的事物。

2015年，有一组数据会让我们感到震惊:《时尚COSMO》6月刊的销售量，8秒的时间，售出了71319册！而当全部库存放出后，总销售额则达到了近170万！到底是什么造就这样的销售巨额呢？答案就是——6月刊的封面人物是TFBOYS的成员王源。这一记录，甚至打破了之前五大时尚刊物之一的《VOGUE ME》用鹿晗做封面时粉丝创下的6分钟36000册的记录，同时也在业内创造了一个奇迹。不仅如此，在名为“TFBOYS组合周边店铺”的微博平台中，有一款名叫“TFBOYS 王俊凯单人夏日限定生写”的产品，在一个小时内售出了 21399 份；在天猫的士力架官方旗舰店中，印有 TFBOYS 成员王源包装的士力架巧克力，上架开卖两小时，销售额超过 40 万。

某旅游网站窥探到这方面商机后，在其官网及 APP 上售卖某明星粉丝见面会门票。然而，其所销售的并不是单张的见面会门票，而是“礼品卡 + 门票”“酒店住宿 + 接送机券 + 门票”等套餐，按照内容的丰富程度，分为多种套餐服务。礼品卡是有使用期限的，只能用来购买除火车票、机票以外的其他旅游产品。这样的销售方式，就可以让原本不需要门票以外的产品的粉丝，为了见偶像一面不惜砸重金。

另外，“明星同款”的概念也渐渐地被粉丝们所推崇。往往一部剧集的热播，剧集中明星的同款衣服、鞋子、化妆品也会热卖。例如，韩剧《太阳的后裔》播出后，女主角宋慧乔同款的服饰一度成为热门款式。曾有记者指出，女性消费者往往会更愿意掏钱买“明星同款”的产品。不少商家在洞悉这一商机后，会将热销的“明星同款”或“明星推荐”的产品，摆在显眼的位置招揽顾客。

产品“粉丝”创造经济效益

作为一名追星族，会随时关注明星的动向，会购买明星的唱片、书籍等文化产品，会购买演唱会门票，而且还会“爱屋及乌”般地去购买明星代言或明星同款地商品，其创造的经济效益是庞大的，因此我们可以利用“明星效应”来包装产品，以获得更大的经济效益。

然而，产品本身也能称为被关注的对象，其粉丝同样也可以因为关注和喜爱这个产品去发生购买的行为。就像苹果的“果粉”，苹果手机质量好，通常买一台手机可以用很长一段时间，但是“果粉”们依旧会在苹果品牌的新一代手机上市后，争先恐后地购买新产品。并且这些“果粉”可能不仅仅拥有一台苹果手机，他们可能拥有不少苹果的电子产品或是配件。这些行为，就像追星族关注一个明星一样，他们同样也可以不惜一切代价追随一个品牌。

而“粉丝社群”的存在，往往有助于品牌的推广和营销。产品不再只是一味地通过各种广告或活动去宣传，而是可以让人去宣传。也就是说，让粉丝去告诉粉丝，让粉丝去带动新的粉丝，使“粉丝社群”不断扩大，从而创造更大的经济效益。

粉丝的力量：1000 个铁杆粉就能养家糊口

美国人克里斯·安德森提出过一个“长尾理论”，主要是指：在产品的销售中，由于成本和效率的原因，只要产品的储存、流通渠道足够宽广，那些需求和销量不大的小众产品所占据的共同市场份额，并不会低于需求和销量大的产品，它们可以和主流产品的市场份额相当，甚至更大。举个例子，假设一个大型书店中图书数目为 10 万本，在这当中可能畅销书只有不到 5000 本的数目。所谓畅销书，就是指广受读者欢迎的销量较大的书。然而那些看似不畅销的冷门书籍，其所创造的经济效益的总和大约与畅销书相当，甚至超越它们。

然而，另一美国人凯文·凯利指出，“长尾理论”只适用于大型的、有足够宽广的渠道的聚合商，例如亚马逊等。而对于一些创作者而言，“长尾”无疑是会让他们喜忧掺半的，因为大多数创作者很难创作出广受大众欢迎的“爆款”，而“长尾”并没有提高创作者小众作品的销量，反而会加剧竞争和无休止的降价压力。那么，要如何逃离和摆脱“长尾”呢？

1000 个铁杆粉丝理论

要逃离“长尾”，除了创作出轰动的“爆款”作品外，还有另外一个途径——凯文·凯利提出的“1000 个铁杆粉丝”理论。

这个理论的要点是：例如艺术家、独立制作人、作家、音乐人等创作者，不需要拥有千万粉丝，而只需要获得 1000 名铁杆粉丝，即可以实现养家糊口。需要注意的是，这里的粉丝不是一般粉丝，而是铁杆粉丝。可以试想一下，当你推出新唱片，即便如今盗版横行，他们依然会用高价购买正版；只要你开演唱会，全国各地不管在哪个城市，依然会飞奔去参加；只要有关于你的周边产品，性价比不高依然会购买；他们会乐于分享你的信息和商品给身边的人……会产生以上行为的粉丝，就叫作“铁杆粉丝”——他们不会错过与偶像相关的任何事物。而一般粉丝呢，他们只是偶尔关注你的信息、偶尔购买你的产品，仅此而已。

所以，有这样一个假设：一个铁杆粉丝每年会用他一天的工资去支持你的工作，假设是 200 元。那么 1000 个铁杆粉丝，一年加起来就会花费 200000 元去支持你。这样的数目，已经足够养活你了。很多人都希望自己能够拥有百万粉丝，然而需要考虑的是，如果百万粉丝几乎都只是普通粉丝，他们给你贡献的经济价值可能还没有 1000 个铁杆粉丝多。

2004 年，一个小说创作者应用这个理论获得了他的第一桶金。他积累了一定数额的铁杆粉丝后，要求这些铁杆粉丝每月支付他 100 美元，而交换的条件是他拿到钱后就放出他小说的下一章。整部小说一开始只对付费的铁杆粉丝公开，之后才会进行正式出版，其他书迷才可以看到。那么，他收取的那些费用，已足以支持他的生存和写作了。

而在互联网时代，“1000 个铁杆粉丝”理论已不仅适用于创作者，还可以适用于企业和品牌。因为铁杆粉丝所能带来的，远远不止是让人糊口的经济收益，这个群体所蕴含的能量是很大的。

对于一个品牌的铁杆粉丝而言，他们与品牌几乎是零距离的。由于发自内心地喜爱，他们对于品牌及其研发团队、研发背景等有浓厚的兴趣，他们会非常乐意在品牌搭建的平台上，时刻关注品牌的有关信息，并且愿意与品牌密切交流和互动。铁杆粉丝们会自发组成社群，在虚拟社区中彼此充分地交流和分享，甚至会组织线下活动，形成强大的凝聚力。品牌的运营团队，因为有了这些铁杆粉丝的存在，甚至可以减少很多运营的压力和成本，因为粉丝之间会互相推广和宣传，铁杆粉丝甚至会影响和带动身边的人，主动去推广品牌。

如何培养铁杆粉丝

既然“铁杆粉丝”理论具有如此大的能量，那么我们需要考虑的就是，如何让一般粉丝变成铁杆粉丝了。

第一，借助名人影响力。在一开始运营的时候，不要说铁杆粉丝了，可能一般的粉丝数量都是很少的。如何迅速地提高品牌的知名度和影响力呢？“名人效应”显然是较好的方法。很多品牌都会邀请明星来当代言人，有助于吸引观众的眼球，提高产品关注度。个人或者小众品牌也一样可以采取类似的做法。举个例子，某个自由撰稿人名气一般，他要如何获得粉丝呢，除了作品的质量的保证以外，他还可以让知名度较高的作者去帮忙转发和推荐。借助知名度高的作者的影响力，他就能收获不少的粉丝。

第二，赋予铁杆粉丝特殊权利。就像上面提到的小说创作者一样，他赋予铁杆粉丝的特殊权利就是可以优先看到他创作的小说，其他一般的书迷只能等到小说出版后才能看到。其实品牌也一样，要想拥有并留住铁杆粉丝，就需要对粉丝进行一定程度上的“区别对待”。例如实行“会员制”的制度等。微信上的某个自媒体，通过在用户中实行“会员制”的制度来收取费用，会员与一般关注者的区别是：会员可以加入社群参加各种线上活动，并且每周可以收到一个来自他们团队的语音分享，语音的内容是一些知识和“干货”，这就是他们“区别对待”用于拥有铁杆粉丝的做法。

第三，给予足够多的尊重感、参与感和成就感。尊重感、参与感和成就感是粉丝对于品牌的需求，尤其是铁杆粉丝。企业要通过不断地与铁杆粉丝进行充分的沟通和交流，同时要让铁杆粉丝拥有足够多的机会去参与品牌的营销和推广，并且使他们获得成就感，这样才能较为牢固地留住铁杆粉丝。

互联网时代的粉丝思维：要颠覆，更要重构

企业传统的产品宣传方式，就是在电视、报刊等传统媒体上投放广告。在互联网的冲击下，这种广而告之的方式，很少会引起公众的注意，基本上都会淹没在众多品牌的“茫茫大海”中。这样一来，广告费打了水漂，产品的关注度也几乎没有提升。近年来，企业也逐渐意识到了这点，联想、海尔集团已经在 2014 年年初宣布不再投放杂志类硬广告。在互联网时代，企业要实现经济效益，关键在于运用“粉丝思维”。与其让广告费打水漂，不如把思维转向互联网。

随着互联网的日益发达和普及，我们在日常生活中接收到的信息来源已渐渐地从传统媒体向互联网媒体转变。根据中国互联网络信息中心 2015 年 7 月发布的第 36 次全国互联网发展统计报告的数据显示，我国网民总数已达 6.68 亿，其中 88.9% 的人使用手机上网，而这个数字几乎每天都在增加。我们每天利用智能手机上网看新闻、听音乐、与人交流，智能手机和移动互联网已成为了生活中不可或缺的一部分。

重构与消费者的关系

在传统的商业模式中，企业与消费者是简单的卖方与买方的关系，企业负责设计、制造、生产产品，消费者在众多的产品中选择最合适自己的，这样就构成了一个交易的关系。然而，在互联网时代中，这种传统的商业模式已渐渐成为非主流，在“粉丝思维”的引导下，企业更愿意把从前的

那种冷冰冰的卖方与买方的交易关系，重构成实现双赢的“朋友”关系：企业与粉丝打成一片，一起把事业做大。

要重构这样的关系，企业可以从以下方面入手：

1. 获得认可。其要义是提高粉丝的数量和质量，实现这一点，首先是把消费者转化为粉丝。当企业生产制造的产品符合消费者的需求，获得消费者的认可，产品带给消费者的体验超出其期待值，消费者才有可能转变为粉丝。试想一下，当你入手一款产品，使用体验不佳，也许以后就再也不会购买这个品牌的其他产品了，更不可能成为粉丝。

2. 充分互动。每个人都希望得到他人的重视。比如，我们在微信上发布了朋友圈消息，会渴望得到朋友的积极回应；当他人在你朋友圈底下点赞或评论时，我们所渴望获得的存在感就能被体现。粉丝也一样，企业要与粉丝建立朋友关系，就得充分地与他们沟通交流，鼓励粉丝分享自己对产品的体验和看法，也要积极地给予回应。

3. 提高参与感。在过去的商业模式中，企业生产制造，消费者购买消费，在此过程中几乎不会有交集。而在互联网时代，每个人都有自主发言权，每个人都拥有个性，粉丝更希望自己能主动地打造符合自己需求的产品。这就要求企业，加大粉丝参与产品设计制造的参与度。例如海尔集团让粉丝自己设计“萌”款匀冷冰箱，集众人智慧和创造力，打造最受欢迎的冰箱。

4. 提高成就感。当粉丝化身为企业的“主人”，帮助企业设计产品，与企业打成一片后，总是希望得到官方的肯定，满足自身的成就感，这是人之常情。要满足这方面的需求，企业在推出与粉丝互动的活动中，可以通过设置一定的奖励、优惠等方法，给予粉丝肯定。

重构营销模式

在互联网时代，传统的营销模式已不再管用。企业要进一步思考，如何利用“粉丝思维”重构营销模式。如何重构呢？

1. 定位要精准。在过去，企业生产的产品是面向大众的，越多人喜欢就越多人可能会购买，经济效益就会更高。这样的逻辑，看似不错。然而，正所谓“众口难调”，一个产品想要满足大众口味，实际上是非常难做到的。央视每年的春节联欢晚会，都希望做出符合全国13亿观众口味的节目，但每一年总会有人喜欢，有人批评，这是很正常的现象。因此，企业要转变思维，不要一味地追求大众广泛的喜爱。事实上，能够瞄准一个消费群体的需求，做出符合他们口味的产品，将其转变为粉丝，这就足够了。“罗辑思维”的成功，并不是指它能满足男女老少所有人的需求，而是其产品瞄准了一群积极上进、爱读书学习的青年，定位精准，才能打造高质量的社群。

2. 转变推广方式。传统媒体的推广方式已逐渐被现实证明无效，广告费经常被打了水漂。在互联网时代，人与人之间的沟通交流已打破了时间和空间的壁垒，企业利用“粉丝思维”，以口碑的形式传播，才是最有效的推广方式。2015年2月，柴静拍摄的纪录片《穹顶之下》在网络平台上发布，于短短24小时内，播放量破1亿次。这个庞大的数字，就是靠粉丝转发来实现的。当你的品牌和产品获得了粉丝的认可，由粉丝去分享和推荐，引爆网络口碑传播，产品的资讯就会“不胫而走”。

3. 充分利用网络渠道。在过去，产品要通过渠道才有机会到达消费者的手中，所以“渠道”是商家的“必争之地”。然而，互联网的普及，使得B2B、B2C、O2O等商业模式广受欢迎，企业的产品可以通过网络平台直接面向客户，减少了渠道辗转带来的麻烦和成本，同时方便与粉丝交流，拉进了与粉丝的关系。聚美优品就是这样一个B2C模式，凭借着高品质的商品、良好的购物体验、优质的售后服务等多方面的优势，受到了广大女性消费者的欢迎。

粉丝思维 = 极致思维 + 草根思维 + 媒体思维

随着互联网技术的日益发达，人与人之间的交流方式变得越来越多、越来越方便。粉丝经济在这样的大前提下，可以发展的空间也越来越大。很多行业都试图分一杯羹，开始利用粉丝思维来运营自己的品牌。

“罗辑思维”可以说是把粉丝思维利用得非常好的一个例子。然而，我们在感慨和赞叹的同时，应该更多地去思考：到底它是如何利用粉丝思维来创造经济效益的?

关于“极致思维”

在以前，由于流通体系不发达，终端成本相对高昂，零售行业之间的竞争几乎都集中在争夺渠道资源上。因为众多厂商无法直接面对终端客户，必须通过渠道去完成产品交付，因此可以说，谁的渠道多，谁就赚钱多。而随着互联网技术的日益发展，电子商务逐渐成为了人们喜闻乐见的消费方式，厂商已无需通过争夺渠道来获胜了，它可以通过网络直接面对客户，也就是说，渠道逐渐扁平化。这会造成各个行业的产品有过剩的趋势，厂商则需要更多地从自身的产品和服务出发，去吸引客户。

而想要吸引更多的客户，就必须要具备“极致思维”。何为“极致思维”呢？其实，它就体现在对产品的专注上。可以说，具备了这种专注精神，才能对产品投入十二分的热爱，在产品的生产和设计中才能投入铁人般的意志和追求完美的“固执”，才能把产品做到极致。那么，打动客户的，不仅是产品，还有产品中所包含的精神和情感。苹果公司的创始人乔布斯便是专注精神的一个典范。可以说，苹果公司的巨大成就，离不开乔布斯专注和追求极致的精神品质所形成的人格魅力。

再进一步地将产品做到极致，要求的是不仅是产品的质量或性能要过关，而是要做出惊喜，远超用户的预期。这当中就涉及到一个“用户体验”的问题。1999 年，美国经济学家派恩和吉尔摩联合出版了一本书《体验经济》，其中说到：体验经济就是让顾客全身心地融入进去，从而自愿为产品以外的其他感受买单。而如何让顾客对产品产生这样的感受？其实就离不开“极致思维”——做出惊喜，远超预期。

周立波的清口表演几乎场场爆满，固然离不开他的风趣幽默。然而，周立波懂得在幽默的前提上融入社会时事，这样就能使每场演出都有新鲜感，都有观众意想不到的精彩内容。

“APP 墨迹天气”的粉丝超过 1.5 亿人，而且这个人数还在不断地上涨，就是因为墨迹天气在播报天气的同时，懂得给用户带去不一样的新鲜感，例如穿衣提示的小人和时景的功能。而这些，就是产品在基础性能以上，为了带给用户惊喜而增加的功能。

关于“草根思维”

在游戏市场上，有一项统计数据指出，网游用户每年平均消费可达 300 元以上；手游用户的年均消费将近 900 元。而在中国网民中，有超过 40%的用户都是收入较低的草根阶层。因此，可以看出，草根阶层虽然收入低，但消费欲望不低；而且，庞大的草根阶层所聚拢的消费力是不可小觑的。

所谓“草根思维”，就是在提醒企业，产品的目标受众不能只是定位在高收入人群，而是要更多地放眼于这些草根一族。互联网经济，其实就是一种“长尾经济”，这意味着企业应该将市场定位为关注“长尾人群”的需求。而“长尾人群”，就是草根一族。

阿里巴巴旗下的电子商务平台淘宝网，凭着价格低、选择多、足不出户等优点，吸引了数亿网民的关注和青睐。淘宝网的成功，一方面的原因，是它的受众大部分都是“草根阶层”。卖家通过淘宝网可以缩减渠道成本，直接面向客户；买家可以通过淘宝网，淘到更便宜的商品，甚至如今平台还推出了“商品比价”的功能，更方便买家淘到低价商品。这些都非常有利于吸引更多的草根消费者。

知名团购平台美团网的成功，同样也离不开“草根思维”的应用。草根阶层购买能力不高，但也有消费欲望，他们会倾向于用更低的价格享受到同样的服务。美团网就是帮助草根阶层实现这种愿望。用低价、优惠去吸引草根一族消费，可以带来非常可观的交易额，从而来实现盈利。

关于“媒体思维”

互联网的日渐发展和普及，报纸、杂志、电视等传统媒体受到了巨大的冲击，活力已经明显大不如前。尚且不敢妄下判断说传统媒体会被互联网媒体所替代，但可以肯定的是，互联网媒体相对于传统媒体而言，更具迅捷性、自由性及多元性，其蕴含的潜力是非常大的。

品牌产品通过媒体的推广和传播，可以提高其影响力和关注度，这是毋庸置疑的。然而，在笔者的理解中，“媒体思维“指的不仅仅是品牌产品要通过媒体去进行推广和传播，而是好的产品可以自己替自己宣传，任何企业都可以是媒体，任何人都是媒体人。

就如当今的“自媒体”的概念。“自媒体”又称“个人媒体”，它指的是私人化、平民化、自助化的传播手段，包括微信、微博、博客等平台。这就意味着，媒体的传播已经逐渐扁平化，每个人都转变成自媒体。

那么，品牌产品要如何做到自己为自己宣传呢？这就是粉丝经济的思维。当品牌产品能够给用户带来极致体验，满足用户需求，得到用户的喜爱，用户就可以摇身一变，成为品牌产品的粉丝，并且乐于向他人分享他们的体验和快感。而这样的分享，不管是微博上的那种弱关系，还是微信朋友圈的强关系，当我们看到来自朋友的分享和转发，出于内心对朋友的信任感，就会比较愿意去购买或使用这个产品。

总而言之，不管是极致思维、草根思维还是媒体思维，其实都是对于粉丝思维的某一个层面的解读。产品要做到极致，受众要更多地定位于草根一族，让产品自己替自己宣传，这些都是对粉丝思维的应用。

选对方向，让粉丝跟你站队

粉丝经济时代，什么最重要？答案当然是粉丝。粉丝的数量和质量与企业的经济效益紧密相连。很多品牌在意识到这点后，开始紧锣密鼓地培养起粉丝来。不少品牌认为，想要获得更多的粉丝，产品的受众就要更多，因此设计生产了“大而全”的产品。然而，他们没有意识到，产品“大而全”，也意味着其缺乏个性特点、辨识度低，那么，又如何在众多的产品中脱颖而出呢？消费者根本无法关注到你的产品，就更别谈把消费者培养成粉丝了。

所以，想要吸引粉丝，品牌应当要有一个精准的定位。这款产品具有什么特点，适合哪一类人群，满足哪些人的需求……选好一个方向，明明白白的定位，这样才会吸引粉丝主动跟你站队。

定位精准，满足需求

纵观那些备受欢迎的品牌，一般都是“小而美”，而非“大而全”。众口难调，如果一味地追求符合大众口味，最后只会变得没有个性特点。国内知名少女服饰品牌“拉夏贝尔”，从一开始，定位的受众就是少女群体。少女青春活力、活泼可爱，“拉夏贝尔”设计的衣服就从少女群体的特点出发，设计出符合这个群体品味和需求的服饰。尽管服饰的风格又区分各个系列，比如休闲类、运动类等，但是这些只是为了满足不同个性少女的需求，并没有跨越这个受众群体。因此，该品牌在吸引了大批的少女粉丝后，每当她们有购衣需求，就会很容易想到这个品牌，这就是跟它站队的表现。

时尚搭配购物平台“蘑菇街”，是专为爱美的年轻女性而设计。它搭建了一个给女孩儿们分享时尚、分享搭配的交流空间，每一个注册用户都可以上传自己搭配的服饰、或是美肤美妆用品等到自己的主页去，与他人充分交流分享。为了满足“手机一族”，它还推出了手机客户端，方便用户随时随地拍照分享。这样的平台，明确受众群体，自然广受粉丝喜爱。

相反，曾经有这样一个服装品牌，囊括了婴幼儿服饰、少女服饰、中年服饰，其设计也是“应有尽有”。不难看出，这个品牌的“胃口”很大，希望能够吸引几乎各个层次消费者进来消费，可正因为它包罗万象，消费者看得眼花缭乱，也不知道它到底是卖什么的，自然很难形成持久的吸引力。

体现特色，做好细节

如果提到“一个专门做特卖的网站”这句广告语，想必大家马上可以反应过来，这个网站就是“唯品会”。唯品会的特点就是“品牌特卖”，它与很多大牌企业合作，专卖优惠的品牌正品。很多大品牌也曾试过将产品放到其他的网络平台去做打折销售，但往往关注程度不高，还会引起一些消费者对于品牌质量的怀疑。而放在唯品会上则不一样，因为它一贯以来坚持的特色就是正品特卖，让粉丝信得过。因此，粉丝一想到要买便宜的大牌产品，首选就是唯品会。

“美丽说”是一款重视打磨细节的APP。打开这款APP，可以看到其顶部导航栏的“蔷薇粉”细纹，仅仅这个细节，设计师就做了不下十个设计稿，经过了多番的讨论最终才选定了这个有立体感和层次感的方案。不仅如此，他们的产品经理和设计师会为一个栏目到底应该叫“分类”还是“类目”，不断争论和斟酌；同时，瀑布流般的图片淡出的方式，也是经过反复讨论后的最佳方案。不管哪一个细节，他们都力求做到最好。

微信有不少功能也十分注重细节的设计。比方说，当你用手机拍下了一张照片，打开微信想要分享给好友时，微信似乎已察觉到了你的心思，在“添加照片”的按钮上便“准备”好了这个照片，让你不用再花时间寻找和选择。不要小看这个细节，往往是这些细节，才会吸引更多的粉丝。

专注产品核心功能

所谓“术业有专攻”，任何一款产品都应该有其核心功能，有其侧重点，不能眉毛胡子一把抓，到头来哪个方面都做不好。苹果手机对整机的综合功能都非常注重，对细节方面也处理得让人相当满意，正因如此，苹果才得以收获了大批量的“果粉”。但是，其他品牌的手机也并未就此认输，依然在发挥各自的优势，扬长避短，同样也可以收获很大的市场份额。比如索尼手机，其专注的核心功能就是拍照功能。索尼的像素值在众多的手机品牌当中，可以说是独占鳌头，就连苹果手机，在这方面也是甘拜下风。不少热爱拍照但经济能力又不高的年轻人，就会选择这样一款拍照功能强大的索尼手机。

Kindle 是亚马逊设计的一款电子书阅读器。用户可以在网上购买电子书、报刊等，推送到自己 Kindle 上，进行阅读。其独有的墨水屏功能，媲美纸质书，给用户带来了良好的阅读体验。在如今，电子产品盛行的年代，随便一款平板电脑，就可以满足人们看视频、读书、听音乐、上网等多种需求。可 Kindle 这样一款朴实无华的黑白屏阅读器，还是受到了广大爱读书人士的欢迎，原因就在于：它专注“读书”这一核心功能，务实好用。

又如运动品牌“亚瑟士”。热爱跑步的人大概都了解过，全球四大跑步鞋品牌中就有亚瑟士，它的主打产品就是缓震、耐磨、舒适的专业跑步鞋，定位的受众就是热爱跑步的人群。运动品牌众多，有时尚的耐克、阿迪达斯等，但稍有研究的跑步者在选择跑步鞋的时候，都会优先选择亚瑟士。正是因为亚瑟士将这样一款核心产品跑步鞋做到最好，让跑步者一想到跑步鞋，就是品牌亚瑟士，粉丝自然会与其站队。

“互联网+”，围绕粉丝做产品和品牌

我们对这样的场景都不会陌生：一个足以容纳数万人的场地里，在令人震撼的声光效果的烘托下，此起彼伏的尖叫声和掌声一阵高过一阵。这么火热的场景来自粉丝的热情。然而，这并不是某位歌星的演唱会现场，而是一款电子产品的发布现场。吸引众多粉丝前来捧场的并不是明星或偶像，而是一款围绕粉丝诉求而设计的产品。

这些产品看上去冷冰冰，却极具张力，让众多狂热的粉丝聚集在一起。他们迫不及待地要体验这款新产品，并乐于向其他人分享自己的感受和心得。正是在这种粉丝特有热情的驱动下，他们的一言一行会无声无息地影响到周围的人。

互联网时代，“粉丝”和“粉丝经济”早已不再是什么新鲜名词。当创业成本不断降低的今天，我们需要思考的是如何利用互联网时代的绝佳契机，搭建并加强产品和用户，尤其是铁杆粉丝之间的粘性。

互联网时代，粉丝是王道

互联网时代，没有粉丝，就没有市场，也不会有收益。没错，这正是一个粉丝当道的时代。产品有了粉丝，才会有口碑。无论品牌大小，关注粉丝价值已经成为大势所趋。

关注一下近几年来互联网信息中心发布的报告不难发现，2009 年至 2013 年，网购在广大网民中间的使用率已经从原来的 28.1% 上升到 48.9%，而与网购行为有密切关系的网上银行的使用率也随之增长了 40%。与之形成鲜明对比的是娱乐类的应用，比如网络游戏，从最初的 68.3% 下降到 54.6%。可见，互联网平台已经成为一个消费平台，能够为消费者提供更好的服务、更舒服的体验和更高的价值。

当粉丝热爱或痴迷于某个产品或品牌时，会有这样的表现：其一，对该品牌产品的收藏行为，大部分的粉丝都很喜欢收藏自己喜爱的品牌各种产品；其二，对信息的收集行为，大部分粉丝会关注自己喜欢的品牌相关的信息或新闻，不会错过任何相关新产品的动态；其三，粉丝很喜欢参与喜爱品牌的社群活动，不仅在网上对产品进行相关讨论，还会发展线下活动，和其他粉丝定期举行聚会，比如哈雷车友会或苹果手机粉丝的出游会等。

很多相关领域的研究人员发现，包括哈雷、苹果、小米等知名品牌，它们有着一个共同点，那就是拥有非常多高度忠诚的铁杆粉丝。粉丝这种对品牌和产品的追捧行为其实体现的是在粉丝忠诚模式的影响下，消费者的心理已经由原本的“满意—忠诚”向“信念—忠诚”转变了。

具体说来，早先工业社会，企业是以创造产品的使用性或功能性价值为目的的，只有通过产品让消费者持续满意，才能获得消费者的忠诚。在后工业社会的今天，消费者更加青睐于有情感、有信念的消费，因此企业在注重产品功能性的同时，也要注重创造品牌的精神价值，为自己品牌相关产品的狂热追随者提供坚实可靠的品牌信念。所以这也就注定了在今天的互联网时代，企业要想在激烈的市场竞争中长久生存，就必须关注粉丝，以粉丝为轴心来研发产品、创造品牌价值。

粉丝，产品和品牌的“缪斯”

现如今，互联网技术的发展已经趋于成熟并渗透到我们生活的方方面面。互联网行业不仅是一个高速发展的行业，而且是“以用户为中心”的行业。在这个新互联网时代，粉丝的地位在悄无声息地发生着变化，由过去品牌价值链的最低端逐渐成为价值链的切入口，甚至是企业策划、开发和生产的源头。

了解小米公司的人都知道，它是通过灵活运用粉丝经济手段发家的。一开始小米就找准了切入口，它通过专业的手机论坛进行突破，巧妙地利用了智能手机“发烧友”的影响力和传播力。小米公司邀请这些“发烧友”参与到手机操作系统的设计和研发当中来，认真地思考他们给出的建议并在产品研发中尽量将其实现。此外，小米还建立了当时看来非常新颖的“粉丝部落”，很快这个部落群就帮公司聚集起了最早一批的"米粉"。也正是靠着最早的这一批小米铁杆粉丝的影响，短短两年的时间里小米手机的销量就突破了 2000 万部，不仅创造了手机销售市场的神话，还为公司奠定了“小米文化”，并吸引了千千万万的“米粉”。

小米手机之所以被粉丝所追捧，除了其所设计的产品新颖、人性化、贴近用户需求之外，与小米利用产品来打造品牌并吸引和经营粉丝的营销思路也有着密切的关系。除了小米以外，苹果、三星等科技公司同样也是互联网时代粉丝经济的“弄潮儿”。

在社交媒体高度发达的今天，粉丝经济无处不在，几乎每个人都隶属于某个或某几个“圈子”或“部落”，任何人都是粉丝，同时也可能被粉。通过小米的成功经验我们不难发现，粉丝除了购买产品之外，还非常渴望参与到产品的设计研发和制造过程中去。在此过程中，他们对企业或品牌文化的认同感也会进一步加深。

其实，有潜力的品牌与平庸品牌之间最大的区别就是有无粉丝。而将粉丝和品牌联系在一起的是文化，正是这种附加在产品和品牌上的文化因素让粉丝乐于参与到其中来，让他们快乐地、自主地去分享品牌信息并积极地传播品牌的正面形象。

粉丝经济时代的创业定位：要么唯一，要么第一

笔者有个朋友，在微商营销盛行的时候，也开了一个微店。起初，看大家在微店上卖服装做得不错，她就进了点货卖服装；接着流行卖化妆品，她就想方设法弄到了化妆品货源，卖点化妆品；后来又跟风卖进口零食等，可以说哪个行业都接触过了。但由于种种原因，这个微店没能坚持下去，开了不到一年就关闭了，这个朋友并没有从微信营销中成功分到一杯羹。

这显然不是一个成功创业的故事。但是，笔者从这位朋友身上也受到了某些启发：在这个粉丝经济时代，“创业”已经不是一个多么遥远或高大上的词，它变得平常而接地气，任何人都有机会创业，任何人都有可能通过互联网去收获自己的第一桶金。

粉丝经济时代给创业者提供了一个更公平开放的机会，互联网给创业者提供了一个全新思维模式的平台。于是，“创业者”这个身份的人群，如雨后春笋般诞生。然而，并不是每一位创业者都能成功。很遗憾，笔者的这个微商朋友就是失败创业者中的一员。我们不妨借这个案例来分析看看，到底创业该如何定位，才能脱颖而出。

以“唯一”的方向定位

笔者的微商朋友，在不到一年的经商时间里，更换了多种商品。这看似是在迎合市场的需求，而实际上，这样随波逐流的做法无法形成品牌，“面面俱到”的结果也难免会顾此失彼。创业，要确定一个“唯一”的方向。

这里的“唯一”，并不是单独的意思，而是方向角度要明确。

凉茶品牌“王老吉”，可谓是男女老少，无人不知，无人不晓。它创立于清朝道光年间，至今有近 200 年历史，采用本草植物材料配制而成，有“凉茶王”之称。近 200 年的老品牌，王老吉专做清热解毒的凉茶，除了产品包装有所变化，王老吉未曾改变初衷易道而行。正是因为它唯一而专注的方向，才使得王老吉如此深入人心，广受欢迎。

坚果品牌“新农哥”，自 2006 年创立公司以来，一直明确一个“唯一”的方向——只做专业坚果。“新农哥”坚持原产地采购，坚持传统加工工艺，倡导无添加，确保坚果原色原香品质。在很多人看来，蜜饯和坚果是一类零食，完全可以兼做。可是在“新农哥”眼里，专注“唯一”产品，才能将其做到最好。果不其然，十年老品牌，“新农哥”的高品质，已经让粉丝们轻松喊出口号：“坚果我要新农哥。”

以“第一”的目标定位

上面那位朋友在创业的过程中，做过多种尝试，但最终以失败告终，除了其方向不明确之外，还有另一个原因，就是产品不出众，无法成为同类产品中的佼佼者。那么，又如何能吸引顾客消费呢？在品牌纷繁、产品众多的市场中，力争第一，才有机会突围而出。

苹果手机是当前最受用户欢迎的手机品牌，销售量最大，是手机行业的引领者。其在手机性能方面，可以说是“无人能敌”。比如，比较过苹果手机与其他品牌的人就可以发现，苹果手机无论开多少个窗口，都不会卡顿；即便界面切换再频繁，也不会出现死机的情况；而且不需要装杀毒软件，等等。这些方面，乍听上去都很普通，可这些却体现了苹果强大的内核功能，这是其他手机品牌所做不到的。正是因为产品水准高、性能好，才能成为手机界的“大哥”。

在网络上，有一句广为流传的话：“有不知道的？问‘度娘’呗。”这里的“度娘”，就是“百度搜索”的俏皮昵称。当下，人们已经形成了一种习惯，有什么不明白的，打开电脑或手机，百度一下，问题就会迎刃而解。“百度搜索”作为全国第一大搜索引擎，占据了国内 90% 的市场份额。当搜索引擎已经做到如此成功的程度时，不少人劝百度公司董事长李彦宏拓展其他方面的事业，但他始终选择了坚守。而相较于其他搜索引擎，他们的业务广泛，但都不如本行业突出。因此，李彦宏的想法是正确的，不要广而要专，才能在一个领域获得第一的殊荣。

海底捞是一家知名的火锅连锁店。我们知道，火锅店要受欢迎，口味出色的锅底、新鲜的食材必不可少，可火锅店众多，其中品质的差异并不大。海底捞是如何突围而出的呢？原因在于，它的定位就是——把服务做到第一。例如，顾客在候餐时，海底捞餐厅为其提供水果、点心甚至是小游戏，体贴的服务让人感受不到排队的烦躁；用餐时，服务员会给戴眼镜的顾客提供眼镜布擦拭眼镜，放手机的手机袋；此外，海底捞还推出线上外卖预订服务，用户点好餐品后，海底捞服务员会打包好餐品和餐具，一并送到用户手中……如此多的贴心服务，使得海底捞在短短几年内成为火锅第一店。

当然，以上这些“第一”的案例，并不是说每个企业或品牌都要成为第一。而是说，创业的定位要以“第一”为目标，朝着这个目标发展，才能将产品和服务做到最好。

离粉丝越近，离市场越近

“老板，来瓶冰峰！”在每一个酷热的夏天，这句话几乎是每个西安人民都说过的。在老陕的记忆中，夏天一定是与“冰峰”汽水有关系的。“冰峰”作为西安本土的汽水品牌，自1953年进入市场以来，就牢牢地俘获了西安人民的心，就连有极高市场热度的世界知名品牌可口可乐，也丝毫动摇不了它的地位。

那么，为什么冰峰可以击败可口可乐这样的“大牌”呢？原因有三：一是冰峰通过故乡情结与西安人民心连心。从1953年冰峰汽水诞生以来，就打着“从小就喝它”的口号，它的玻璃瓶包装、便宜的价格、几乎不变的口味，让那些喝着冰峰汽水长大的人们在心里产生了一种对它深深的“依赖感”。二是与顾客的距离非常近。冰峰在西安，可以说是随处可见，大到五星级饭店，小到大排档、便利店，只要有客户的地方，就有冰峰，随处都可以喝到。三是充分结合了当地的文化。冰峰汽水，与凉皮、肉夹馍一起，被冠以西安特色的“三秦套餐”，不少商家经常会推出“吃凉皮送冰峰”的活动，这也在一定程度上促成了西安人喝冰峰的习惯。

通过这样仔细的分析，我们不难发现：冰峰的成功，是与粉丝亲密接触的结果。要想获得更大的市场，就得拉近与粉丝的距离。

1741本书如何卖出77万高价？

假设每本书的均价是20元，1741本书顶多也就卖4万元左右，而且还得全部卖出。那么，谁能做到把这1741本书卖出77万这么高的价格呢？康夏做到了。

2015年5月，在朋友圈中有一篇文章《带不走，所以卖掉我的1741本书》被大家疯狂转发。这个叫作康夏的年轻人，经营着一个名为“乌托邦地图集”的公众号，在此之前，已拥有超过6000名粉丝。他在出国之前，决定把带不走的书放在微信公众号上销售。出乎意料的是，在康夏的文章发出的第二天凌晨，他居然收到了来自粉丝们超过20万人民币的购书款；而在接下去不到一天的时间里，他共收到了7000人转账的77万元。尽管，因为此事的后续影响给康夏造成了一定的困扰，但是客观来说，他的这次微信“营销”是非常成功的。

到底是什么原因让康夏拥有如此大的经济收益呢？原因主要有以下三个方面：第一，康夏的微信公众号“乌托邦地图集”使用了创新的排版方式，一般的微信公众号使用的都是图文混搭的排版，而“乌托邦地图集”采用对话框的形式，这种排版类似于在与读者用小窗口聊天，更容易拉近与读者之间的心理距离；第二，康夏擅于引发读者的共鸣，不管是在公众号上发布的文章，还是活动，康夏都十分注重引发粉丝的共鸣，除了写文章，他也会向粉丝约稿，意在鼓励他们参与到微信公众号的运营上来，可以说，他与粉丝之间几乎是零距离的；第三，社群“灵魂人物”的个人魅力，社群是建立在拥有共同爱好的粉丝之上的，康夏的粉丝就是一群爱读书的人，而康夏对于他们而言，就是一个“灵魂人物”般的存在，有了康夏这个领袖和爱读书这个共同爱好，粉丝群体得以巩固且不断扩大。

康夏的“微信营销”成功告诉我们：与粉丝距离越近，越能够加大粉丝社群的凝聚力，粉丝社群所带来的经济效益潜能是非常大的。

“罗辑思维”的成功也离不开这点。每天早上，其创始人罗振宇在微信公众号分享的那条60秒语音信息，这些年来可以说是雷打不动。他让粉丝在心理上已经对他产生了习惯和依赖感，这条语音点开来，听到的就是他们的“灵魂人物”罗振宇的声音。罗振宇在那一刻与粉丝是零距离的。因此，在一开始坚持了半年后，他推出会员付费制，才能得到广大粉丝的大力支持。

自媒体应如此，企业亦如是

“我是陈欧，我为自己代言。”相信大家一定在电视上或者地铁上看过聚美优品总裁陈欧为自己企业代言的广告吧。在以前，企业为了加大品牌产品的影响力，通常会请明星代言。陈欧十分大胆而创新地“自己为自己”代言，是为什么呢？

陈欧，80后企业家，年轻帅气，美国斯坦福大学MBA毕业，其创办的聚美优品在短短一年内注册用户超300万，总营业额突破4个亿，书写了80后创业传奇，符合当代青年偶像的定义。而聚美优品的目标客户群体是年轻女性，其总裁现身代言，为的是拉近与粉丝们的距离。

这样的做法如今越来越多。格力集团董事长董明珠频繁地在媒体上曝光，推出格力手机并表示“必须用自己的头像做开机画面”；小米品牌的创始人雷军，多次在公众面前展示自己的幽默，“雷军英语秀”一度成为互联网的热门搜索词汇；罗永浩推出“锤子”手机，本人出来“高调站台”……这些做法，都有着深刻的意义。

1. 将品牌形象人性化。小米主打年轻化、自由化，雷军的高调让这种文化实实在在地通过人的角度进行传播，变得有血有肉有活力。因为广告宣传再好，产品也是冷冰冰的，总会让粉丝觉得缺了点什么。雷军的做法，使得小米有了“人情味儿”，能加大粉丝对它的美誉度。

2. 给粉丝带来丰富的话题。不管是陈欧的“我为自己代言”，还是董明珠的“用自己的头像做开机画面”，这对于粉丝们而言，都是新鲜好玩的。企业家们不再高深莫测，就在粉丝们的生活中随处可见，大家茶余饭后甚至都可以拿出来聊一聊。

3. 拉近与粉丝的距离。企业的创始人对于粉丝社群而言，就是“灵魂人物”般的存在。如果这个“灵魂人物”一直高高在上，粉丝们可望而不可及，久而久之，距离就越来越远了。相反，如果“灵魂人物”无处不在，就可以更加靠近粉丝，给粉丝们树立一个榜样，使得粉丝社群更加牢固。

买来的粉丝不是真粉丝

网络上有个词叫作“僵尸粉”，是用来指那些如“僵尸”般的虚假粉丝，也就是那些可以花钱买来的有名无实的粉丝。一开始是出现在微博上，2010 年 8 月 27 日凌晨，广州著名主持人陈扬在自己的新浪微博表示，他的 4 万粉丝中存在“僵尸粉”。由于不能忍受“僵尸粉”带来的虚假人气，将关闭自己用户名为“chensir”的新浪微博账号。

新浪微博出现“僵尸粉”，记者随后对事件进行了调查。发现事件背后竟有人通过新浪微博刷粉丝来赚钱，甚至在淘宝网上一搜，赫然存在这样的店铺。新浪微博试图通过拉黑名单、甄别“僵尸粉”等方法来抑制这种现象，可无奈产业链庞大，难度太高。如今，“僵尸粉”不仅“存活”在新浪微博中，还活跃于各类论坛、贴吧或是社交网站上。

“僵尸粉”与“活粉”有什么区别?

“僵尸粉”无处不在。前阵子在网上看到一则笑话，内容是某个女明星的微博粉丝一夜之间居然掉了 4 万多，大家均表示不解。于是有网友留言：“她也许忘了给“僵尸粉”续费了。”话语一出，众人哗然。

我们来看看为什么会有“僵尸粉”的存在。新浪微博上出现“僵尸粉”，淘宝上出现“僵尸粉”交易，到底“僵尸粉”有什么用处呢？主要有以下两点：一是“活粉”不够多，需要“僵尸粉”来帮其造势；二是给人造成粉丝多的假象，从而吸引更多的眼球。

但是，“僵尸粉”与“活粉”的区别在于：“僵尸粉”是花钱买来的粉丝，它只有冷冰冰的一个用户名或头像，躺在你的粉丝栏里犹如“僵尸”一样死气沉沉，除了可以增加数字外，没有别的实际用处。而“活粉”则是真正因为喜爱你的人格魅力、品牌产品等而去关注你，希望了解你的一切消息，给予你支持的有血、有肉、有人情味的真粉丝。因此我们说，买来的粉丝不是真粉丝。

香港某个男歌手刚出道时，由于唱功一般，长相欠佳，并没有太受欢迎。但是他的父亲是经纪公司高层，为了捧红自己的儿子，就让人雇了一大波“僵尸粉”去给他撑场，包括买他的唱片，参加他的歌迷会、签售会、演唱会，给人造成这个歌手很受欢迎的假象。后来，被细心的记者发现，他的“粉丝”同时也是很多其他明星的“粉丝”，每天成群结队地赶场子，到处去给明星当“僵尸粉”。事件一曝光，对这位歌手的吐槽声音越来越大，原本仅有的一丁点人气也下滑了。

随着网络购物的盛行，淘宝网上的卖家越来越多，每个人都希望自己的网店能够成为“皇冠”店，而这需要很大的销量和很多好评。于是，刷销量和刷好评的“产业”因此诞生。有些卖家会雇一大帮“网络水军”给自己的商品打五星、写好评，这就是另外一种“僵尸粉”的表现形式。那些虚假的好评和高销量，终会被精明的买家识破；而且这样的卖家在买家心目中的信用度就因此降低了，自然也难以吸引真正的“活粉”。

因此，有时候“僵尸粉”不仅起不到造势作用，反而还会带来负面影响。

粉丝贵“精”不贵多

“僵尸粉”发挥的最多也只是“观众”的作用，而我们要的是“喜爱”。“僵尸粉”或是死气沉沉地“躺”在那里，或是其中的“冷眼相看”的观众，就像秀场中的活动，大部分路过的都只是观众，看看而已，只有真正喜爱的才会停下脚步来为其鼓掌、呐喊，深入去了解你的产品。

删掉“道不同”的人。在互联网社交媒体平台上，不少微商通过集赞送礼或是发微信红包的方式来攒粉丝，这样的粉丝虽是真真切切的人，但是能发挥的作用却非常有限，“躺”在那里还会影响粉丝社群的管理，因此删掉这些“道不同”的人，留下与你“并肩作战”的真粉丝，不仅不会影响人气，还方便管理。意大利的某安全研究组织根据社交媒体平台上的粉丝数量变化，研究出了一个可判断粉丝真实程度的方法。它们列出了一个粉丝数量发生巨大变化的账户名单，其中包括著名品牌百事可乐、奔驰、美国说唱艺术家“吹牛老爹”肖恩·康姆斯等。

以“吹牛老爹”为例，他的推特账号在 2012 年 6 月中增长了大概 20 万个粉丝，平均每天粉丝的增长数高达 3000 名。然而在 2013 年 3 月，他的账号又突然掉了将近 40 万个粉丝数量。粉丝数量如此大起大落，原因就是推特管理员在发现其猛增的粉丝是“僵尸粉”后，及时清理掉了。对于“吹牛老爹”而言，这个清理的行动并没有造成他的困扰，而是帮他看清了粉丝的“真面目”，留下的才是真正能发挥作用的粉丝。

第三章 粉丝诉求

不迎合需求，只创造需求

尊重粉丝，粉丝才会尊重你的产品

每个人在少年时期，或多或少都会有一定的叛逆心理，最典型的情况是：父母不让我们做的那些事情，我们偏要去做。相类似的，很多粉丝也有一定的“逆反心理”：大家都在使用的产品，反而不乐意跟风使用。这样的表现可以理解为：个性突出，不喜欢被判定为从众。

粉丝渴望自己追求个性的需求被尊重与满足，不少企业正是借助粉丝的此种心理特点与特殊需求，创造收益。

粉丝渴望获得尊重感

尊重感的体现之一是个性。当苹果手机渐渐获得广大消费者的喜爱，逐渐占领了手机市场后，会有一些消费者开始产生“逆反心理”：如果我此时也使用苹果手机，那岂不是太没个性了？反过来想，华为作为国产手机的大品牌，价格低廉，外观设计精美，功能强大，而且还十分有个性，于是这部分客户可能就会转而入手华为手机了。

可以看出，不少粉丝具有这种“逆反心理”，不愿意从众跟风。即便知道苹果手机确实是好产品，市场庞大，客户众多，但是“逆反”的心态太强烈，此刻他们寻求的是具备个性的尊重感。此外，尊重感的另一个体现是参与感和成就感。不少用户在使用产品的过程中喜欢对产品提出意见：“如果这个产品让我来做，我会……”从某个层面上来看，他们十分乐于扮演一个产品的设计者及产品经理的角色，希望可以充分地参与产品的生产设计或是产品的推广和宣传，同时渴望得到他人的认同。如果此时恰好有社群或是粉丝活动，他们会大方地提出自己对产品所持有的意见和建议，并且会十分希望得到官方的采纳。

早在 2008 年，牙膏品牌高露洁就已经采用了征集粉丝自行制作冰爽牙膏广告的方式，让广大粉丝参与进牙膏的推广中来，成为品牌推行的主导者，充分地满足了粉丝们参与的愿望。而这种通过参与来获得成就感的粉丝，其实希望获得的也是尊重感。

获得尊重感，是一种精神文化需求

当今社会，当人们的物质文化需求渐渐被满足后，精神文化需求的要求也越来越多。其中，人们渴望获得尊重感，便是一种精神文化需求。

众所周知，电影、文学、音乐等文化产品的出现，为的就是不断地满足人们日益增长的精神文化需求。然而，文化产品只能满足人们精神文化需求的一部分，除此以外，很大的另一部分需求依然无法被满足。例如，对于尊重感这一方面的需求，文化产品是远远满足不了的。

此时，如果谁能帮助人们满足有关尊重感的这一部分需求，谁就能获得人们的关注和重视。换言之，谁就能对他们产生强烈的号召力。

于是，如果哪一种产品能够很好地满足人们的尊重感，那么它就将迅速地获得人们的青睐和关注，在短时间内能吸引一大批渴望被尊重的粉丝。

那么，产品该如何“尊重”客户呢？曾经听过某个具有大批铁杆粉丝且有丰富粉丝经营经验的“大神”说过，要给粉丝充分的空间和机会去表达他们的想法和意见，要有亲和力，要“接地气”地去和粉丝沟通。

很多企业如今都逐渐意识到和粉丝“互动”的重要性。例如，小米公司充分利用微信公众平台来与粉丝沟通和互动。每天早上，小米微信运营工作人员打开微信账号后台上，总会发现有上万条留言在等着他们。为了能够更好地与粉丝互动，小米公司甚至想法设法拿下微信官方更高级的

API（API 即 APPlication Programming Interface，应用程序编程接口。）接口权限。

这种方法非常聪明，因为他们瞄准了粉丝的心理和精神需求，让他们获得尊重感，会让粉丝产生一种“原来我这么重要”的错觉，在不知不觉中提高了粉丝对于产品的忠诚度、信任度和推崇度。

如何让粉丝尊重你的产品

当粉丝充分地感受到这种尊重感时，无形中已经加深了对产品的关注度和喜爱度。粉丝经济的一个特点就是：粉丝群体具有高度的影响力和凝聚力。也就是说，当第一批粉丝认准了你的产品，他们就会“无条件”地去宣传和推广你的产品，此时，就会产生第二批、第三批粉丝，粉丝的数量就会迅速增长。

此时，就算产品本身所带来的价值不高，在粉丝经济下，粉丝的忠诚度会使得他们依旧尊重和热爱产品。

例如，我们所熟悉的“罗辑思维”在粉丝经济下的运营模式。它的创始人罗振宇花了长达半年的时间，先保证“罗辑思维”在内容上的质量，再通过“会员制”的方式培养一大批铁杆粉丝。待粉丝群体非常稳固之后，进而逐渐地推出网络课程、网络读书分享会等产品。如果我们说这些产品非常有购买的价值，那么，“罗辑思维”推出的高价会员礼盒——里面装着几本书和一盒茶叶，这个产品的性价比就似乎没有那么高了。但是，忠实的粉丝依然会使这件会员礼盒畅销，甚至很快售罄。为什么呢？因为懂得尊重粉丝，那么粉丝就会尊重产品。

在粉丝经济的大环境下，想要拥有粉丝，甚至拥有大批的铁杆粉丝，那就必须首先意识到，粉丝是渴望得到尊重的。只有尊重粉丝，粉丝才会尊重你的产品。而如何用更好的方式体现对于粉丝的尊重，则是我们需要不断研究的课题。

铁杆粉丝，参与感带来成就感

互联网时代，每位用户都可以在虚拟的社交网络中和其他不曾谋面的用户进行交流，分享他们的经验、对某个品牌某款产品的了解和各自的消费观念等，最后物以类聚、人以群分，形成一个又一个特色鲜明的消费群体。

当今时代，任何一个消费群体的自我意识都非常强烈，他们的需求也是多维度的，不再简单停留在对产品和服务的功能层面的需求上，而是希望借助某种渠道宣泄自己的感情。对于喜欢的品牌和产品，他们极度渴望参与到上游活动当中去，比如某些决策的制定等，以便达到他们“参政议政”的目的。

忠实粉丝，参与感带来成就感

每个人都渴望能够拥有一个安全的、宁静的、快乐的“自我空间”。这种寻求安全空间的心理其实是为了宣泄感情并得到心理上的安慰。比如，有的用户会加入到某个粉丝社区中，是为了体验一种交流的感觉。粉丝们则希望能够亲力亲为地加入到某些产品的设计和研发环节中去，并从中获得参与感。归根到底，他们是希望在参与的过程中收获某种成就感，为了实现这一目标他们在参与的过程中不求回报，更多只是自娱自乐。

作为某个品牌的粉丝，他们并非一般的爱好者，而是该品牌产品十分狂热的痴迷者和追随者，当然也是忠诚的消费者。他们希望能够参与到相关的各个环节中去，以便将感情倾入其中，这样一来即使产品存在某种缺陷，他们也会选择性地忽略。因为这种“参与式”消费让他们觉得情感上得到了回应，并通过这种参与行为享受到了成就感。他们不仅会自发地为该品牌及产品的完善出谋划策，还会努力让更多人喜欢并信赖他们所热衷的产品。

仔细看看周围的朋友，我们还会发现这样一些现象：那些痴迷于某个品牌的某种产品的粉丝大部分对这些产品的研发背景、技术数据和产品演进等了解得一清二楚，甚至能为别人详细解说。能达到这种境界的粉丝早已不是普通粉丝，而是某品牌、某产品的“专家”。而他们之所以有动力达到如此境界，大多是出于让他人觉得“我知道的东西很多，我很强，也很专业”。归根结底，这就是一种在成就感驱动下参与其中的表现。

在移动互联网时代，任何领域、任何行业，粉丝无处不在。在这个不断“粉”他人又被他人“粉”的时代里，人们都希望能够在参与的过程中体验到那份因为互动产生的成就感，从而证明自己的价值。

粉丝经济的本质是参与和体验

互联网时代，人与人之间的沟通成本降低，沟通变得更为便利，同时也导致了用户更加个性化。这决定了为用户提供产品体验服务的设计者也要更加关注用户的需求，迎合他们的个性化。

以小米公司为例，在各大网站的论坛上小米都始终保持着与用户的良好互动，以现实的距离贴近用户，这不仅是在满足用户需求，也是在给用户参与其中的机会。很多人都知道，小米每周都会更新上百个功能，这其中有一半的建议来源于“米粉”。小米这一点非常值得其他科技公司学习，根据用户的行为模式和习惯来设定自己产品的特点和工作模式。

此外，新浪微博也非常重视用户的参与度与体验感。新浪微博用户流量的最高时段是星期二到星期四，所以新浪微博特别将转发礼品的活动安排在了正常工作日。礼品抽奖活动的结束时间是在晚上 10 点，因为每天晚上 10 点是一天当中流量的最后一个高峰时段。而礼品发布的频率为每 2 小时一次，这是因为微博传播的规律是转发到 3 小时以后就会进入衰退期。新浪的这个活动也是在充分研究和考虑了粉丝的参与模式和体验感受后展开的。这样一来，不仅利用了粉丝的行为习惯来为自己服务，同时粉丝也会觉得自己的感受得到了尊重和照顾。

对于快速发展的互联网企业来说，快不仅是一种追求，还是一种习惯。开发者产生了开发某款产品的想法之后，必须迅速付诸实践，让想法成为现实，再从粉丝那里得到更多的需求反馈，以便进一步对产品进行完善。由此看来，生产产品的过程不仅是研发过程，还是与粉丝互动的过程。只有让粉丝参与到其中来，多了解他们的想法，才能为其提供更好的用户体验。

奇虎 360 的副总裁曲晓东写过一篇名为《周鸿祎的互联网世界观》的文章，里面有一句话堪称经典："我们应该把大众产品放在首位，最好的壁垒就是免费，同时也是最实用的商业模式。"这句话强调的就是要尽可能多地为用户提供参与的机会，用户只有尝试过、参与过，才能感受到产品背后的文化理念，从而从普通用户进阶为粉丝，乃至铁杆粉丝。

微信也好，微博也好，都是基于推动用户参与和体验而诞生的产品，符合移动互联网时代粉丝经济的本质。微信或微博看似只是用户的社交媒体，实质上是企业与用户之间的一种交互手段。通过微信或微博，企业可以很容易得到用户最真实的社交关系，要知道这些信息过去只能掌握在电信公司的手中。了解到用户的真实信息以后，企业可以根据所了解到的用户的行为习惯和喜好来调整用户体验，让用户有机会更好地、更和谐地参与到产品的设计、研发、生产到销售的过程当中来。这样一来，在为用户提供远远超出他们预期的良好体验的同时，也提升了产品和品牌的影响力，让企业收获更大的利益。

存在感，“晒”已成为一种生活方式

在微博上，曾经有一组照片广为流传：无论是在休息、乘车、聚会等各种场合，人们的手中都会握着一部手机不放。于是有网友留言：“如今，手机比老婆都要亲密了。”他可不是瞎说，美国波士顿咨询公司曾发布过一项调查，结果显示：智能手机比性爱更具吸引力。人们宁可失去床伴，也不能失去日日夜夜陪伴自己的手机。如今的智能手机，早已不止是通信设备，它可以发邮件、搭公交、订餐、订机票、买电影票……更重要的是，它可以用来“晒”出自己的生活。

点开微信朋友圈，可以看到不少朋友通过晒自拍、美食、宝宝、宠物等等，来与朋友分享他们的生活和心情。当然，我们同样也可以发个朋友圈“晒”回去。互相之间，还可以通过点赞、评论和转发，来进行亲密的互动。在微信之前，QQ 空间、微博也给我们提供了足够大的平台去“晒”。可见，“晒”已经成为了人们的一种需求、一种生活方式。

“晒”到底是出于什么心理

那么，人们“晒”这一行为，究竟是出于什么心理呢？

1. 刷存在感。仔细去剖析，人们发朋友圈“晒”出自己的生活和心情，到底是为了什么呢？很大一部分原因，是在刷存在感。每个人都觉得自己是重要的，都希望自己能被他人重视，害怕被人遗忘和忽视。发个朋友圈，让身边的朋友知道自己在干什么，如果朋友会给自己点个赞，发个评论，自身的存在感就上去了。

2. 分享与互动。大部分人的内心深处，都是乐于分享的，吃到了什么好吃的食物，看到了好的风景，体验到了什么新玩意儿……都喜欢发个朋友圈“晒”出去，除了刷存在感，也是一种乐于与他人分享的心态。同时，会渴望与朋友互动，你点个赞，我发条评论，来来往往才会充满乐趣。

3. 获得认可。很多人，不仅会在朋友圈“晒”生活和心情，还会在朋友圈“晒”一些自己近段时间的收获，比如学做了什么菜、考到了什么证、获得了什么荣誉等等。“晒”的原因，就是希望获得大家的点赞和认可，当所有人在你的朋友圈底下点赞时，你心中的成就感就油然而生了。

4. 好奇心。很多人如今的生活状态是，没事儿点开微信，看到朋友圈那里出现“红点”(表示有人发了新的朋友圈)，赶紧刷新来看；就算没有“红点”，闲来无事也要刷刷朋友圈。这就是一种好奇的心态。人都会有好奇心，希望获知新奇好玩的信息，因此很多人喜欢漫无目的地在网络上遨游，或是在论坛里瞎逛。而随身携带手机，微信朋友圈当然是最简单便捷的满足好奇心的方式了。

粉丝经济:“晒”是最好的推广方式

2016 年 9 月，苹果 IPhone7 手机正式发布。这对于广大的“果粉”而言，可是天大的好消息，甚至有很多铁杆粉丝会通宵排队去购买，只为能尽早地体验到。笔者本人对电子产品不感冒，因此并没有太多地关注苹果的新闻或是消息。可是，在笔者并没有特地去了解的前提下，却很快就知道了它的外形、新的功能等信息，为什么呢？因为笔者的微信朋友圈中有不少“果粉”，他们早在苹果发布会之前，已在朋友圈转发了苹果公司的消息，同时在买到最新的苹果 IPhone7 后，以最快的速度将使用体验在朋友圈里“晒”了出来。这样一来，他微信上的所有朋友都会因为他发的这个朋友圈，迅速了解到了关于苹果新产品的资讯。如果此时，刚好有购买手机需求的人看到这个朋友圈，说不定就会因此选择了苹果手机。

为什么说“晒”是最好的推广方式呢？产品固然需要广告去做宣传和推广，可广告毕竟是企业自己推出的，难免会有“王婆卖瓜、自卖自夸”之嫌。而如果是来自消费者自己朋友圈的推荐，内心自然就多了一份信任感。这样的推广，不仅省钱省心省力，而且带来的效果可能会更好。

如今，已经有越来越多的商家开始用这个方法来为自己做宣传。顾客来店里消费，只要拍几个产品的图片或者店内装潢的图，发到朋友圈，就可以获得折扣和优惠。顾客当然想要获得优惠了，自然也就愿意在朋友圈里“晒”几个图。然而，这对于顾客来说，还是有点“强迫”的感觉。假设你开的是餐饮店，顾客为了获得优惠，即便当下觉得食物实在不好吃或者服务很一般，可能会“昧着良心”去发这个朋友圈。但是，走出了你的店，他大可以把它删除，甚至重新发一个朋友圈去“声讨”你的店。因此，以优惠来做诱饵换来客户被动的推广，还是有一定风险的，弄得不好，可能起反作用。而最好的情况是，让客户自觉主动地、心甘情愿地去帮你推广。

而如何能让客户心甘情愿去帮企业做推广呢？第一步：产品和服务要让客户满意是最基本的要求，更进一步的要求是把产品做到极致、给客户带来极致体验；第二步：将一般的客户或消费者转化为粉丝，并且在粉丝当中培养铁杆粉丝；第三步：打造粉丝社群，提高粉丝的粘性、凝聚力和忠诚度；第四步：维护粉丝社群，做正确引导，让其主动帮助推广宣传。

“晒”是一种生活方式，也是一种帮助品牌产品推广的方式。在如今的粉丝经济时代，企业除了采用传统的广告宣传方式外，还应从更多的角度去思考，如何最有效地提高传播效率和传播效果。

归属感，好的创意让粉丝认可你

美国HBO剧集《真爱如血》在播出之前已经引发了广大吸血鬼粉丝的关注，甚至成为了当时HBO最受期待的剧集。其原因就是，《真爱如血》反传统营销而行，采用创意营销的方法，把宣传活动设定为一个有关吸血鬼的背景故事，将一小瓶神秘的红色液体和一条“死亡信息”寄给那些喜欢吸血鬼和恐怖故事的粉丝，引导他们去登录一个“只有吸血鬼才能登入”的网站；发布视频广告，内容是真正的吸血鬼对于是否应该向毫无防备的人类大众显露自己身份的争论；推出了户外海报宣传；推广一种像血液一样的新饮料——Trublood；推出关于“支持吸血鬼权利平等”的公益广告。但是这一切宣传手段，都没有提到剧集《真爱如血》的名字。

这是一种有别于传统的宣传方式。一字不提剧集名称，却用“讲一个关于吸血鬼的故事”的如此独有和具备创意的营销手法，潜移默化地在广大粉丝们的心里种下了种子。

可见，创意营销手段的高明之处就在于，通过新颖的形式、有趣的内容、精彩的故事等，去吸引粉丝的关注，加深他们的印象，甚至引发粉丝们在互联网上讨论和传播，掀起一场场的网络狂欢。

那么，怎样的创意才能称之为好的创意呢？

好的创意一定是非常有趣的。点子新颖、形式多样、内容有趣好玩，能够激发受众主动分享的欲望。试想一下，当我们在网络上看到一个新奇好玩的事物时，是不是会忍不住转发给朋友或是发朋友圈分享呢？2014年，一组“穿内裤的水蜜桃”图片火爆网络，这是南京一家名叫“水果猎人”的网店老板姚先生为水果营销而想出来的点子。当所有的水果店都在打造新鲜低价的时候，姚先生却懂得用创意来突出重围。当客户收到一盒胖乎乎的“穿着内裤”的水蜜桃时，想必是忍俊不禁的，同时也会掏出手机拍照发朋友圈分享。而这样的创意营销方式，也为这位姚先生带来不少经济收益。一盒“穿着内裤的水蜜桃”，一共 9 只，售价是 298 元，价格不菲。但即便在这样不菲的价格之下，销量却非常可观。

好的创意会让人耳目一新。试想一下，一则普通的电视广告的内容是：某位明星举着一种产品在向观众介绍，可能观众看过了也就忘了，这说明传统的营销方式已经逐渐地让用户产生了厌倦的心理。而好的创意，则是会给人带来惊喜的。

好的创意要满足受众的需求。创意的出发点应该是为了满足受众的需求，我们不能为了创意而创意，不考虑用户需求的创意是毫无意义的。满足需求是前提，创意是方式，获得认可是目的。比如，“李叫兽”公众平台上分享的一个关于餐饮方面的创意。就是在一些餐厅点餐的时候，每个人都会看到有一个菜单，但是通常顾客只能从菜单上了解到菜的价格、品相，但是关于这道菜的来历、做法却无从了解。顾客通常也不好意思拉着服务员让她详细介绍。这个时候，就可以设计一种“二维码菜单”，扫一扫二维码，就可以阅读这道菜背后的故事、了解它的做法等等，去满足顾客的好奇心这方面的需求。

好的创意还要结合产品自身的特点。比如，宝马旗下的汽车品牌 Mini 的特点就是小巧可爱。十年前，Mini 在欧洲就像一个标签一样，众所周知，可是在热爱大排量、SUV 车型的美国，这款汽车却只有很少的人知道，市场占有量非常的小。因此，Mini 的市场营销人员该用什么对策去提高它的销量呢？当然是以创意取胜了。大多数汽车品牌采用的都是电视平面广播广告，如果说 Mini 的营销方式与它们一样的话，必定会淹没在众多品牌之中无法突围。于是 Mini 和它的代理商把焦点对准其节能和价格合适这两个关键点，在商场、街角、户外广告等许多小小的角落进行展示和宣传，似乎就在告诉大家“我小故我在”，非常符合它自身的特点。十年后，Mini 不仅在美国存活了下来，并且成为其销量最大的单一市场。

好的创意给品牌产品带来什么

如今，我们身处于一个信息可以瞬间直达世界各处的网络时代。互联网的神奇之处，就在于能把有价值的信息迅速转化为个人、企业或者产品的知名度，当用户在网络上疯狂转发有关的信息或故事时，同时也在潜移默化地催生他们的消费行为。

创意营销，不同于传统营销的一点就是：传统营销只能占领用户的眼睛，而创意营销则能占领用户的嘴巴。广而告之仅仅会给用户带来视觉上的冲击，无法引发人们分享和讨论。而创意营销则会在被用户认可后，以口碑的形式去传播。当你的创意营销内容获得了粉丝的认可后，自然就会在网络上引发话题，不停地被转发、评论。如此一来，才能大大地提高产品的关注度。

因此，成功的商业模式，产品是基础，营销是关键。要想迅速地获得粉丝的关注和认可，创意营销就是一个最佳方式。

给消费者一个升级为粉丝的“理由”

什么是消费者？消费者是指当他有一类产品的消费需求时，可以拥有无数个选择，他可以选择你的产品，也可以选择别家的产品。比方说，购买一台手机，一个普通的消费者会比较各个品牌手机的外观、性能、价格，去选择一台最适合的；而使用之后如果发现这款产品不适合自己，下一回还可以选择别的品牌和款式。

什么是粉丝呢？当粉丝有此类产品的消费需求时，即便他可以拥有多个选择，依然会放弃其他选择优先购买你的产品，甚至会认准品牌“爱屋及乌”地购买相关产品。换言之，消费者通常只产生一次性购买行为，而粉丝则是你的“回头客”，甚至是常驻的客户。比如，一名“果粉”，如果有购买手机的需求，他会毫无犹豫地选择苹果手机，甚至就算没有需求，也希望可以收藏更多的苹果手机和苹果的其他产品。

粉丝会给品牌产品带来什么

对于品牌来说，忠诚的粉丝会带来什么呢？

1. 粉丝愿意主动关注品牌信息。能称作“粉丝”的人，一定是喜爱品牌、产品以及品牌文化的。就像李宇春的粉丝“玉米”会因为喜爱李宇春而去了解有关她的一切新闻资讯；一个品牌的粉丝，也会因为喜爱这个品牌，主动地去了解品牌的历史背景、品牌文化及有关信息。粉丝主动地关注，要比被动地接收企业的宣传，更加印象深刻。

2. 粉丝愿意购买品牌产品。就如前面提到的，消费者往往是相对理性的，消费之前会做理性对比，选择最适合的产品；而粉丝则会出于对品牌的喜爱，优先选购该品牌的产品。这就让企业在推出新产品时，心里有了一份底气，因为有粉丝，不怕没有销量。

3. 粉丝愿意参与产品的设计和改良。粉丝基于“参与感”的精神需求，希望能够转变自身角色，从产品的消费者变成产品的生产者，然后依据自己的使用体验和需求提出改良的意见，去帮助产品提升。品牌虽然已经拥有一个官方的设计和制造团队，但这些来自粉丝的“民间”建议，也是很珍贵的，因为他们就是受众，更加了解受众的诉求。

4. 粉丝愿意分享体验和推广品牌。粉丝“参与感”的另一个体现，就是他们也愿意扮演品牌的营销人员，他们会迫不及待地想把自己的使用体验分享给身边的人，甚至会带动身边的人成为产品新的粉丝。比起广告，这种以口碑形式的传播手段，效率更高，且效果更好。

如何让消费者升级为粉丝

如何让普通的消费者升级为粉丝呢？

1. 产品水准高，用户体验好。兔子视频是一款面向智能电视和智能机顶盒的在线视频应用，它凭借着多功能、高水准的优点，给广大用户带来了良好的体验。首先，兔子视频支持手机遥控功能，用户无论是使用安卓还是苹果系统，都可以下载一个“兔子分享”的手机客户端，无需另外的遥控设备，只需轻轻地在手机上一点，就可以将手机端上的视频分享到电视屏幕上，享受极佳体验；此外，兔子视频内容丰富，更新及时，具备强大的搜索功能，一个应用就可以满足用户观看几乎所有视频节目的愿望；还提供了 120 多个定制频道，用户可以根据网络环境和对视频清晰度的要求选择不同的网点接入播放。这样一个多功能的应用，让使用过的用户赞不绝口，自然就会有“路人转粉”了。

2. 做好初体验，让消费者“一见钟情”。2002 年，免费的 163 邮箱打败了收费的 263 邮箱；2003 年，免费的淘宝网战胜了收费的易趣网……可以发现，免费是企业赢得用户的第一步。Dropbox 是一款网络文件同步工具，也被称为“云文件传输服务”，其核心功能是通过云计算实现网络的文件同步传输。用户在自己的电脑上登录 Dropbox 账号后，进行文件操作时，所有的动作都会同步到服务器；这样一来，当用户换一台电脑时，只需要登录账号，就可以延续工作，无需将原先改动后的文件复制过来，非常方便。Dropbox 在正式推出前，采用免费的方式让用户体验，而当用户意识到产品的便利后，就会更期待那些付费才能享受的功能，因此付费项目一推出，不少用户就会选择立即付费。

当然了，要做好用户初体验，不仅有免费这个方法。赠送小礼品、增加产品的附加值、赠送售后服务等方法，也可以有效吸引消费者的关注。

3. 让用户变身产品“生产者”。通常，产品由企业设计和制造，再由卖方通过各种渠道销售给买方，买方经过挑选和对比之后购买和使用产品，在使用过后可以对产品提出意见和建议。但是，在这个过程中，消费者是最后一环，接触的是成品，无法参与到产品的设计或制造中。然而，产品最终是为消费者服务的，消费者自身的需求和感受应是产品设计和制造的出发点。消费者被动地接受产品，这种隔阂会导致消费者无法喜欢上它。

2014 年 9 月，海尔冰箱以“个性定制”的概念，推出了为孩子量身定做的“萌”款冰箱设计活动。海尔利用互联网，向广大消费者发出了邀请帖，希望与网友进行充分的交流和互动，让消费者自己设计出一款独一无二的冰箱。经过了一段时间的网上互动，一款长颈鹿的图案被认可和采用。这款冰箱的图案可以测量儿童身高，陪伴孩子的成长；家长还可以在冰箱内部贴上孩子的照片，记录下美好的成长瞬间。这款冰箱让消费者从自身需求出发，变身产品设计者，让消费者发自内心喜爱它。

发现并放大消费者的潜在需求

现代社会中，越来越多的人喜欢喝咖啡。速溶咖啡风味欠缺，不能满足咖啡爱好者的需求。于是，商家在发现了消费者的这种需求后，发明了一种名为“挂耳咖啡”的产品。所谓“挂耳咖啡”，就是参照茶包的原理，将咖啡粉装入挂耳包中，密封好。消费者只需要打开挂耳包，冲入开水滤泡咖啡粉，十秒钟就可以轻松享用到浓郁美味的咖啡。

何为“潜在需求”？过去咖啡爱好者如果无法喝到现煮咖啡，可能就会将就着冲一杯三合一速溶咖啡过过瘾就算了，可是在他们的心里，就有一种潜在需求——希望在没有咖啡机的情况下仍能享用到现煮咖啡。而在“挂耳咖啡”还没诞生以前，消费者也许自己都没有发现这一潜在需求，而当“挂耳咖啡”诞生之后，心中的惊喜感就油然而生了。

除了满足需求，还应发现潜在需求

现在人们的社交软件基本以微信为主。微信有个特点，就是添加好友时可以通过搜索好友的微信号或是手机号码，以及扫一扫对方的二维码等。设计这样的搜索条件，意味着我们在添加对方的微信之前，基本上就不会是完全陌生的，因为我们必须先要知道对方的一些信息（诸如手机号码等）才能搜索得到。这样的好处是，使得我们的通讯录较为精简，且具备高度的安全性；但是坏处是，无法通过微信去拓宽我们的圈子。毕竟，社交软件的最初用意在于“社交”，也就是交朋友。于是，微信在发现了用户的这一潜在需求后，设计了“摇一摇”及“附近的人”这两个功能。在“摇一摇”功能中，用户只需要点开，摇一摇手机，就可以显示此时同时在摇动手机的人，并且可以添加对方为好友。而“附近的人”，则可以用来搜索在你附近范围内，打开手机定位的陌生用户，同样也可以添加其为好友。这两个功能，就满足了很多用户希望结交更多的陌生人的这一潜在需求。

饿了么、百度外卖、美团外卖等订餐 APP 的应运而生，为的是满足客户足不出户便能享受到餐厅美食的需求。但是，外送毕竟需要考虑包装、路途等因素，有一定的限制，因此并不是所有的餐品都可以叫外卖，比如火锅。但是，海底捞线上预订服务却打破了这一“禁忌”。吃过海底捞的顾客，大概都会对它风味十足的汤底和新鲜的食材难以忘怀。但是由于海底捞的餐厅总是一座难求，不少顾客考虑到这一点，就只能“脑补”一下美食解解馋，心里也许会想：“要是能足不出户吃到火锅就好了。”让顾客万万没想到的是，海底捞真的满足了客户的这一潜在需求——它推出了网上预订餐品服务，顾客只需要在网上订购餐品，实体店的服务员就会打包好餐品和餐具送至顾客手中，免去了顾客出门及排队等座的麻烦，并且还可以提供上门收拾餐具的服务，实现了顾客们从前想都不敢想的“足不出户吃火锅”的愿望。

放大消费者的潜在需求

前文提到微信当中的“摇一摇”“附近的人”等陌生人社交的功能，不禁让笔者想到了另一软件——陌陌。与微信不同的是，陌陌是一款专门为陌生人社交而设计的软件。用户有结交陌生人、扩大朋友圈的潜在需求，于是就会下载并注册使用陌陌。但是，让用户颇为“头疼”的一点就是：网络世界是虚拟的，交友有一定的风险，且交友的成功率往往较低。陌陌在考虑这一点后，就开始提倡用户使用真实的信息和照片来注册，并且通过完善用户的个人资料，包括兴趣爱好、常住地点、自我介绍等，以及上传用户生活照的方法去提升交友的真实性和成功率。这种做法就有效地放大了用户的潜在需求。

而在这个前提下进一步放大潜在需求的，就得是 2014 年 7 月诞生的一款全新的陌生人社交软件——探探。随着大龄“剩男”“剩女”的出现，网络交友成为了不少年轻人的主要途径。但是，网络交友犹如大海捞针，难以发现合自己眼缘的人，即使找到了，也不知道对方的心意如何，这样就导致成功率不高。探探是一款基于地理位置的工具，用户可以上传自己的照片，也可以看到其他用户的照片，并且可以通过左右滑动去认识附近的人，不合眼缘的尽管左滑“再见”，合眼缘的就右滑“喜欢”。对方如果刚好也在你的照片上滑动了“喜欢”，则你们实现“配对”成功，可以进一步开始聊天模式。它的功能特色就在于，可以发现自己喜欢的人，同时防止被不喜欢的人的骚扰。这种充满趣味和新鲜感的方式让用户爱不释手。

我们总说，要让消费者升级为粉丝，首先就是要满足消费者的需求。其实，不仅是满足需求，还应该发现消费者自己都还没有发现的潜在需求，并且尽可能地去放大它。这样，才能不断地给消费者创造惊喜的感觉。

满足消费者期望，从微观角度创造需求

把梳子卖给和尚，这听上去就是一件不太可能的事。三个营销高手各自跑了一趟寺庙，向同一个方丈推销梳子，试图想要卖出去。

甲跟方丈说："每天前来寺庙的人这么多，长途跋涉，满脸污垢，您可以在寺庙中安排洗手间，备上几把梳子，让客人先梳洗整理一下，才去拜佛上香，方可表示对佛祖的敬意。"方丈觉得有充分道理，于是买了 10 把。

乙跟方丈说："凡是来拜佛上香的人，都希望得到佛祖的庇佑，如果有保佑其平安之物，让他们随手携带，岂不更好？梳子方便随身携带，您可以订购一些，对其进行诵经开光，送给香客。"方丈点点头，于是买了 100 把。

丙跟方丈说："我看寺庙年久失修，也许需要一笔资助来重建。我可以帮助您获得这笔资助。您准备 1000 把梳子，写上'功德梳'，并对其诵经开光；然后告知香客们，每人只需资助 100 元，方可获得这把由高僧施法的梳子。"方丈听了，兴高采烈地买下了这 1000 把梳子。

和尚对梳子就没有需求？没有需求，那么我们就创造需求。

第一步是满足消费者期望

企业生产制造产品，最终的受众是消费者，因此，只有满足消费者的期望，才会在众多产品中被消费者的火眼金睛"相中"。例如，你想要买一件衬衫，在尚未走进商店挑选时，心里对于这件衬衫就可能有了这样的期望：米白色、修身、小立领、胸口带有口袋。带着这样的期望走进商店去

挑选，当一件符合你期望的衬衫映入眼帘时，你的心中自然会充满欢喜，买下这件衬衫。

新房装修好了，就得去挑选家具。一般的家具商场，都是将家具分门别类摆放，等待消费者挑选，商品繁多，让人眼花缭乱，消费者心里就会产生这样的期望：要是家具已经帮我搭配好了，那就可以节省下不少时间了。宜家家居在洞悉到消费者这一需求后，创造了一个有别于一般家具商场的营销模式。宜家把每一件家具按照不同的风格组合搭配，使卖场变成了一个个“家”。每个“家”都会注明面积大小及用途，比如主人房、儿童房、书房、厨房等等。如果消费者喜欢这样的风格，可以马上按照面积和风格设计，买下一整个屋子的家具，回家之后即可安装使用，非常便捷。宜家的营销模式，不仅一反传统模式的死板和无趣，给了消费者一种切身的体验；还满足了消费者对于家具搭配组合的需求，自然大受欢迎。

淘宝网是目前在国内最成功的网络购物平台之一。可以说，淘宝网的出现改变了人们这么多年以来的购物习惯，消费者只需要上网挑选商品，通过物流快递即可到达自己手中，足不出户就可以享受到快乐的购物体验。但是，随着智能手机和移动互联网的发展，人们对于上网的需求逐渐地从电脑转向手机，人们喜欢随时随地捧着手机上网。淘宝网作为网购的领军者，自然希望在移动互联网中有自己的一席之地，同时也满足消费者随时随地可以“淘宝”的期望。于是，手机淘宝、天猫、聚划算等手机客户端应运而生，消费者可以根据自己的购物习惯随心下载，充分满足自己捧着手机“淘宝”的期望了。

第二步是创造需求

如果只是一味地满足消费者的期望或需求，那产品的生产很容易滞后于消费者的期望。一个出色的企业，应该赶在消费者的需求之前，以消费者的视角，从微观的角度去创造让消费者意想不到的需求，使消费者充满惊喜感，从而紧跟着你的步伐走。

淘宝网给消费者提供了一个网络购物平台的同时，还贴心地考虑到消费者的其他需求，比如生活服务、旅游、在线学习等。在“淘生活”栏目中，消费者可以搜索进入到包括家政、清洗、汽车、宠物等 16 项生活服务中。例如在“汽车”一项中，用户可以给加油卡充值、寻找代驾，还可以预定洗车、打蜡、保养等服务；在“娱乐”一项中，用户可以购买电影票、演唱会门票等。而在“旅游”一项中，用户可以购买旅行社套餐，还可以购买机票、预定住宿等。在“淘宝学习”一项中，用户还可以免费或付费购买种类繁多的课程，包括职称考试、公务员考试、研究生考试及各种兴趣技能等，在线进行学习和互动。而这些非实物形态的“网购”，消费者在以前是从未想过可以在网络上实现的，淘宝网为消费者创造了这样的需求。一个网站，就可以解决生活所有问题。

手机如今除了通讯、读书、看新闻、网购的功能外，还有一个重要的功能，就是听音乐。一般的智能手机，音乐播放的质量都不错，还配有专门的耳机，方便用户听音乐时使用。现代人工作繁忙而紧张，业余利用碎片时间听上几首音乐，可以达到减压放松的作用。过去，人们曾使用录音带、随身听等工具来听音乐，而随着时代的进步，各类手机音乐播放器随之诞生，例如网易云音乐 APP。用户只需要下载网易云音乐 APP，就可以上网搜索到自己想听的音乐，插上耳机即可播放，简单快捷，满足了用户听音乐的期望。但是，由于每个人喜欢的歌手、音乐风格不一样，如果要靠搜索，恐怕费时费力。网易云音乐洞悉到这一点，设计出了根据用户下载歌曲的类型为其量身定做的“私人 FM”，当用户想要听音乐又不想搜索时，只需要打开“私人 FM”，就可以听到自己喜爱的风格的歌曲，并且充满未知性、充满惊喜。这就是走在用户的需求前面，为其创造需求。

表达立场，满足小众用户

在过去的工业时代，由于资源不够发达，产品十分短缺，因此只要有什么新产品新功能出现，基本上就可以获取大量的关注，引领整个市场的潮流。所以，那个时代的市场是没有细分这一说的，市场是属于大众产品的，小众产品如果无法突出重围，就几乎没有生存的空间。而如今，这个现象发生了巨大的改变。经济的不断发展，特别是互联网的出现，打破了时间和空间的界限，产品层出不穷，渠道趋近扁平化，且消费者愈来愈注重个性和自主，因而小众产品也迎来了属于它们的春天。

小众意味着经济效益低吗

在传统观念中，大众产品因为符合更多受众的需求，会带来更大的经济效益，因而创业者们起初的愿望都是生产符合大众口味的产品；而小众产品则相反，既然需求的人少了，经济效益自然也就不高了。可真的是这样吗?

高歇氏病，又叫白塞氏病或眼、口、生殖器综合征，是一种非常罕见的先天性疾病，全世界每年的患者只有 5000 名左右。美国马萨诸塞州的一家小型生物技术公司于 20 世纪 90 年代初专门为这个病、针对这 5000 名小众用户研发了一种名叫“伊米苷酶”的新药，这绝对称得上“小众产品”。到 2008 年时，这个药一年能为公司赚取 12.4 亿美金，5000 名患者能带来 12.4 亿美金的收入，可见收益是多么惊人。因为小众药物的研发和制造更为复杂，一般厂家较难模仿，加上这个药是患者的刚需，所以药厂在价格和产量上有绝对的掌控权。

由上例可见，小众产品有时反而会因为种类少、产量低、竞争少，反而能够获得市场的认同，获得更高的收益。但是，要做到这一点，则要求小众产品有自己独特的竞争力，难以被模仿和超越。不然的话，小众也可以变大众，淹没在产品的大海中。

小众产品反而更能吸引用户

大众产品往往是没有定位一说的，因为这种产品最初设计的初衷也是符合尽可能多的用户的需求，所以它即便有定位，也是模糊而宽泛的。这样导致的结果是，目标受众不明晰，产品的号召力无法集中。而小众产品是站在小众用户的立场上发声的，定位精准反而更能吸引用户。

“蚂蜂窝”是一个综合的自由行服务平台，自由行为其核心点，其致力于为自由行旅者提供全球 6 万个旅游目的地的旅行攻略、旅游问答、旅游点评等各项资讯，以及酒店、交通等自由行产品及服务。随着人们生活品质的提高，对于旅游的需求逐渐增大，但是旅游终究不是日常生活的刚需，且旅者出行时有跟团游和自由行两种选择，所以“蚂蜂窝”是针对自由行旅者而设计的一款小众产品。它的目标受众就是自由行旅者，定位精准，核心明确，且能做到专注于受众需求，将核心功能放大，因而能够吸引广大自由行旅者的关注和支持。截止至 2015 年 9 月 30 日，蚂蜂窝已积累 1 亿用户，月活跃用户数高达 8000 万，点评数量 2100 万条。

HBO 是美国的一个付费观看视频的网站。在绝大多数视频网站采用免费来吸引流量时，它依然选择收费而不是主流的免费机制，这意味着 HBO 选择走小众路线，吸引小众用户。它拥有专门的家庭影院公司为其单独设计的内容，坚持做到节目和电视制作品质精良，且节目多为独家播放，是观众在主流影院所不能观看的。那么，观众想要看这类独家节目时就只能选择 HBO 了。凭借着这些特点，即便采用收费制，观众也愿意付费去享受更好的视觉效果。

小众产品不仅仅是指奢侈品

众所周知，以往小众产品往往指的是奢侈品。奢侈品因为价格高昂，只有经济能力好的小部分人群才有购买能力，是毋庸置疑的小众产品。如今除了奢侈品，国内还出现了很多“轻奢品”。所谓“轻奢品”，就是价格没有奢侈品高昂，但由顶尖设计师设计打造且质量高工艺好，能体现用户气质和品味的中高档商品，这类“轻奢品”也属于较为小众的产品。

但是，今天的小众，已经被重新定位了。小众市场并不由用户人数决定。所谓“小众”，更多地反映在产品的价值上，意味着别具匠心的创意，意味着与众不同的功能，意味着别出心裁的体验。这对于创业者而言，就是要在一块崭新的领域，在一片尚未被开拓的市场上挖掘和创造，运用全新的思维方式和商业模式，以专注坚持的极致精神来站稳脚跟、获得认可。

豆瓣是一个以书、影音起家的社区网站。它于 2005 年 3 月建立，主要内容是为用户提供书籍、电影、音乐等文艺作品的信息，以及线下同城活动、小组话题交流等服务。对于当时的网络环境而言，豆瓣走的路线是独特而小众的，甚至可以说是与主流大相径庭，因此看好的人并不多。但是，谁也不曾想到，豆瓣越来越火，如今已开发了例如豆瓣读书、豆瓣阅读、豆瓣电台等多个产品，并且获得了用户们一致的好评。2012 年 8 月，豆瓣社区的阅读覆盖独立用户数量已超过 1 亿，日均访问量为 1.6 亿。发展到今天，豆瓣可谓是“大红大紫”了，但它没有放弃初衷和产品的核心，依旧坚持自己的风格不流俗，始终保留着小众特色。

豆瓣的成长和发展对互联网的最大启示或许就在于：小众产品和小众市场值得被挖掘和重视。但前提应该是，产品应具备创意和品质，能够培养用户的兴趣和品位，并且要做到足够优秀和坚持。

第四章
粉丝体验

十个人知道，不如一个人喜欢

视粉丝为用户，保持服务心态

粉丝是品牌产品的忠实支持者，分散的粉丝个体在经过充分的沟通交流后，会凝聚在一起，以“圈子”的形式存在。这个时候，粉丝社群就初具规模了。然而，要想提高粉丝的忠诚度、维护社群的凝聚力、发挥粉丝的力量，还得把粉丝视作一般的用户或消费者，用最好的服务心态对待他们。

粉丝社群的运营十分重要

读书的时候，班级里有班长；工作了以后，公司部门会有经理；每一个集体，需要有这样一个“领袖人物”。同样道理，粉丝社群也要有“领袖人物”，才可以维护社群的牢固。而一个完整牢固的社群，才会真正地把粉丝当作用户去维护。

正所谓“火车跑得快，全凭车头带”，社群当中，“领袖人物”发挥的就是这样一个带头的榜样作用。他要具备一定的人格魅力，同时还要具有引导、鼓励和影响他人的能力，让粉丝们在社群中有一个可以依靠和仰望的对象，就如同获得了一个信仰，这样粉丝才可以借助“领袖”的影响力，将自己的想法传递出去。

“领袖”不能是“暴君”。2013 年 7 月，被誉为“百度卢浮宫”的李毅吧，爆发了一起大规模的粉丝集体讨伐吧主“彩色哥”的事件。粉丝们声讨的原因是:“彩色哥”利用权利为己谋私、删除对自己不利的帖子等等。这样的“领袖”,做不到正直不阿,公平公正,最终只会被粉丝们抛弃。这起事件,惊动了李毅本人和百度贴吧的运营方。最终的结果是,“彩色哥”被撤销其“领袖职务”。

社群“领袖”不能有特权、搞特殊,而是要把粉丝当作用户去维护,从以下几点去避免成为“暴君”:其一,不能对粉丝进行苛刻约束,社群“领袖”可以对社群建立一定的规则,以维护社群的稳定性,但是如果规则变得苛刻无理,则会让粉丝产生逆反心理,从而产生负面作用;其二,不能用自身威望对粉丝进行攻击,某个知名手机品牌的社群“领袖”就曾经在某段时间内,于微博上与粉丝进行争吵,态度不好。这样的方式会引发粉丝的声讨,同时粉丝也可能因此而逃离;其三,更不能为己谋私,李毅吧的“彩色哥”曾经发起的主题T恤活动,将收取的利润统统藏进自己的腰包里,这样的行为就是为己谋私利,会严重打击粉丝社群的凝聚力。

社群“领袖”的真正作用,在于塑造一个良好的形象,以带动粉丝去思考、去沟通,去推动社群更好发展。当然,一个完整的社群,除了“领袖”人物,还应当有一些扮演重要角色的粉丝:第一,活跃分子,冷冷清清的社群没有活力,要保持活跃度高就得有活跃分子经常“热场”,抛出话题引发大家深思和讨论,才能不断擦出新的火花;第二,监督人员,任何一个群体都要设立监督机制,互相制约,才得以良好发展。如同百度贴吧中的“吧务组”,就是给粉丝提问和投诉提供渠道,起到一个监督以及维持社群正常运营的作用。

以正确的心态对待粉丝

在粉丝经济的环境下,成败皆因粉丝。粉丝的数量越多,产生的购买力越大,品牌产品才有机会获得更大的销量、取得更大的经济效益。然而,所谓“水能载舟、亦能覆舟”，一旦粉丝社群瓦解，粉丝纷纷背弃离开，那么品牌也将会岌岌可危。要想留住每一个粉丝，就必须以正确的心态去对待粉丝。这里所谓的“正确”，就是要求经营者始终秉持着“为用户服务”的心态。

1. 及时地处理粉丝的诉求和反馈。美国的知名糖果品牌 Skittles 为了更好地与粉丝进行沟通，曾经发起过“在网上与糖果互动对话”的活动，受到不少用户的欢迎，这对于改善品牌的服务，加强品牌的质量，加强粉丝社群的凝聚力等，具有非常正面的作用。然而，在参与活动的众多声音当中，免不了存在一些不良或恶意的言论，由于 Skittles 的粉丝大多都是小朋友，这些不好的言论会对小朋友的成长带来一定的负面影响。但 Skittles 的活动运营方并未对言论进行过滤，也没有及时地处理，引起了家长们的集体声讨，有一些家长甚至表示：从此以后再也不会让孩子们购买 Skittles 的产品了。类似的错误，雀巢也有犯过。在回复粉丝的答复中，雀巢的运营者没有把握好口吻，以较为激烈及不良的态度来反驳粉丝，甚至还对粉丝进行警告，这就导致粉丝对雀巢非常失望。这些事件无不告诉我们：运营者在与粉丝进行沟通的同时，应建立快速且准确的反馈机制，以服务的心态，随时地去关注粉丝的声音，及时处理粉丝的诉求，并且应加以正确引导，才不会导致粉丝的不满和离去。

2. 售后服务工作要让粉丝满意。优购网是百丽品牌旗下的一个网上商城，以经营优质、名品鞋类为主，是目前国内领先的大型时尚网络购物平台。它在深圳、北京及上海建立了物流中心，范围辐射全国。用户在优购网上订购的货品，将由距离最近的物流中心发货，以最快的速度送至用户手中。值得一提的是，优购网的售后服务非常贴心，它为用户提供了十天免费退换货（一般的退换货期限仅有七天）、十天补差价（用户购买商品后，如十天内发现降价，即可补差价）、退货赠送现金礼品卡等服务，为用户带来了优质的网购体验。亚马逊的售后服务也是令人满意的。用户在亚马逊购买商品后，可以无条件退换货，且退换货服务完成后，亚马逊会给用户寄送“歉意卡”，以表达给用户带来不佳产品体验的歉意。这样的举动，就会让粉丝充分地体会到被服务和被重视的感觉，有助于提高粉丝的忠诚度。

抓住用户“痛点”，彻底满足需求

久坐电脑前的现代人或多或少会有颈椎病、肩周炎等亚健康疾病，在理疗师帮我们做理疗的时候，如果他手法正确，力道适中，且下手的地方正好是我们的“痛点”，我们很快就会觉得舒畅爽快。同样道理，设计生产的产品如果正好充分地满足了用户的需求，给用户带来了良好的体验，就好像抓住了用户的“痛点”，从而让其产生一种由衷的痛快感。

满足需求，抓住“痛点”

设计生产的产品如果不能满足用户的需求，那么这样的产品就犹如鸡肋，食之无味，更别提可以抓住用户“痛点”了。因此，抓住“痛点”的第一步就是要满足需求。

如今，我们在网上看视频，视频网站众多，你首先会点开哪个呢？也许大部分人首先打开的都是爱奇艺网站。爱奇艺是国内第一个开启高清播放的视频网站，拥有海量的视频内容，而且都是高清正版。在它的带领下，优酷、乐视、搜狐等视频网站都开启了高清视频播放。通常情况下，我们搜索视频，页面上只会显示视频的分集播放情况，想看哪一集，自己选择点击即可。但是，有不少观众会遇到难题，就是会忘记自己上一回看到哪一集，甚至时间长了会忘记看过的内容。爱奇艺在充分考虑到了用户的这些问题后，做出了贴心的服务内容改进，包括：提示用户上次观看到哪一集；提示每一集的核心剧情；视频点击播放时马上跳转到上一回看的内容处；还设置了跳过片头片尾的功能，等等。这些功能，就解决了用户的不少烦恼，满足了他们的需求。

在智能手机和移动互联网日渐发达的当今社会，一台手机几乎装下了整个世界，让人爱不释手。因为上网流量套餐需要收费，并且超出套餐部分的费用更为高昂，所以人们更倾向于使用 WI–FI，因此现在很多公共场合都覆盖了免费 WI–FI，以满足“手机党”的需求。但是，这些都是在国内的情况，如果出国旅游，手机上网就成问题了。携程旅游网在了解到用户这方面的需求后，就于 2014 年 3 月宣布并推出了为出国游用户提供不限量的免费 WI–FI 服务，范围覆盖全球 100 多个国家和地区。用户只要预订其出境旅游的相关产品，就会获得携程专门采购的 WI–FI 设备，实现手机上网全球不受阻，无论走到哪里都可以拿出手机来刷刷微博、发发朋友圈。因为有了这项服务，不少想要出境旅行的用户，就会首先考虑携程网。携程的这项服务，使得手机用户的上网需求被充分地满足，就犹如“痛点”被抓住了一般，带来了爽快感。

超预期体验，戳中“痛点”

一般来说，满足用户需求只是生产设计产品的第一步。如果要使产品带来更多的关注、源源不断的粉丝和持续的销量，就得让用户获得超预期的体验，给用户带来惊喜感。

超预期体验就是要让用户觉得好玩。用户觉得好玩，才会产生消费的念头，才会让产品的体验有所成功。而如何做到让用户觉得好玩呢？就要抓住用户的心理需求。比如，用户喜欢干什么？最想要得到什么？最喜欢玩什么？……这些都是企业需要考虑的。“叫个鸭子”是较受人们欢迎的互联网快餐品牌，主要是由几个年轻的创业者发起的个性化外送服务，靠微信来取得订单，获得利润。但是，如果仅止于此，这个品牌恐怕难以成功，想要突围，这几个好玩的年轻人就想了办法让它好玩起来。在 2015 年的儿童节期间，所有的餐饮行业都为儿童推出了特别优惠，或是以赠送小礼品的形式来吸引顾客的消费。“叫个鸭子”觉得这些都太没有吸引力了，决定要走不寻常的路线。他们在微信中推出了一个名为“六一吃着玩儿，叫个鸭子带着游戏来找你！”的活动。“叫个鸭子”的送餐服务员为用户送餐时，会带着用户玩一些在孩提时代玩过的游戏，例如“套鸭”“拼鸭”等。比如“套鸭”游戏，用户若是能套中两个玩偶，那么这次外卖服务就可以享受八折优惠；若是套中四个，则可以免单。这样一个带用户走怀旧路线的活动，引发了用户情感上的共鸣，就好像戳中了“痛点”。

超预期体验就是带来“哇”一声的惊喜。滴滴出行是近年来新推出的一款打车软件。在此之前，人们出行一般都会选择公交车、地铁、计程车或是自驾这几种方式。然而，局限的出行方式给人们带来了各种困扰：搭乘公交车会受时间地点约束，地铁并非每个城市都有，计程车价格高昂且很难打车，自驾成本较高等等。滴滴出行的横空出世，可以说是创造了一种全新的出行方式——只需要安装滴滴出行软件，就可以用手指轻轻一点，预约车辆到家门口来接。这就解决了人们打车难的问题。然而，滴滴并不仅于此，它还推出了快车、专车、顺风车服务，由私家车车主来当用户的兼职司机，按照用户需求选择，如果需要即时打车可以选择较为便宜的快车或是价格稍贵的专车，而如果延时或远距离打车则可以提前七天预约顺风车，且还能与其他用户拼车省车费；并且如今滴滴出行已与微信联手，成为微信的其中一个功能，免去了人们安装软件和注册用户的麻烦。出行服务完成后，只需要点击手机支付，就可以轻松支付车费，还可以给司机评分和写评价。这样的打车服务一推出，可以说是打开了前所未有的一片新天地，颠覆了用户以往的出行习惯，真正给用户带来了“哇”的一声的惊喜。

麻烦和缺乏是用户需求的源泉

从前，人们要在交通上花很多时间，最原始的交通工具是人的双脚，从一个地方到另一个地方只能靠步行，不仅时间长，而且疲惫；后来人类就驯服了一些如马、驴这样的动物动物作为坐骑，或是乘坐工具的动力（如马车）；与此同时，轿子和以风作为动力的帆船也是当时人们常用的交通工具，与畜力交通工具长期并存。而进入蒸汽时代后，蒸汽火车、蒸汽轮船成为了当时具有代表性的交通工具；随着内燃机的发明，各种诸如摩托车、汽车等交通工具应运而生；而紧接着，电气时代又造就了电动车的发明……在短短的数百年间，人类交通工具飞速发展，如今飞机、航天飞机、火箭、潜艇的发明，使得人类轻松实现了“上天下海”。不难看出，人们的需求是随着时代的进步不断变更的。

为什么会有需求?

从上面这个不尽完整的过程中我们可以看出，各种交通工具的诞生，“得益”于不同时期人们的烦恼。由于人们觉得步行麻烦和疲惫，才有了畜力工具的诞生；而畜力工具效率较低进而又发明了各种越来越高效便捷的交通工具。也就是说，正是因为人们麻烦和缺乏，才产生了各种需求，而交通工具发展的每一个阶段，都是为了满足不同时期人们的需求。

1. 需求来源于麻烦。在过去，人们如果需要采购生活用品，一般要等到特定的日期去“赶集”，而当急用什么物品的时候，这样的方式就很难满足人们的需求；后来，随着时代的不断发展，各种各样的商店、商场陆续出现，采购无需定时定点，解决了人们的一部分麻烦。但是，尽管如此，人们要前往商场去采购物品，需要一定的时间精力，而且商场中的货品并不能完全满足人们的需求。于是，人们这种麻烦的感觉促使了网络购物这样一种新型模式的诞生。网购平台集结了各种各样的商品，可以说是一应俱全，人们足不出户，在网上下单、支付，商品由物流快递打包送到家门口，可以节省不少时间精力，也解决了很多麻烦。

2. 需求来源于缺乏。爱美之心人皆有之，特别是女孩，最喜欢的事情就是打扮自己，美丽的服饰和各种各样的化妆品是女孩子们的生活必备品。因此，女孩们是这类商品的主要消费群体。而除了购物外，女孩们还有另一个心理需求，就是分享自己的服饰搭配和时尚心得。为什么要分享呢？这是由人的天性决定的。买到一件漂亮衣服、化了一个好看的妆容，会希望变美的自己得到更多人的欣赏和肯定。而这样的需求，则是来源于她们缺乏这样的渠道和平台去展示自己。因此，美丽说、蘑菇街等购物分享社区的诞生，就是为解决这样一种缺乏而设计的。

解决用户的麻烦和缺乏

正是因为这些麻烦和缺乏，人们才会有各种各样的需求，企业设计和生产的产品，从根本上来说，就是为了解决这些麻烦和需求。那么，该从哪些方面解决用户的麻烦和缺乏呢？

1. 要善于捕捉用户的抱怨。当一种产品不能给用户带来极致的体验时，总会有一些“吐槽”的声音出现。而且，用户数量越多，“吐槽”的声音可能就会更多。一个聪明的经营者，不但不会屏蔽这些负面的声音，反而会珍惜这些声音，会提供更多的机会和渠道让用户畅所欲言，并且会把用户的抱怨当作产品改进的出发点。比如，一款名为“简书”的新兴写作软件，就是在用户的抱怨中不断改进的。起初，它存在不少问题，如：只能简单地设置用户资料，文章发表之后如果用户不想公开了只能删除，操作频繁容易闪屏，等等。在听到这些用户吐槽的声音后，简书 APP 不断改良更新，渐渐地成为了一款让写作者爱不释手的软件。不仅如此，简书还发布了一个让用户帮忙找问题的活动，鼓励用户说出在简书使用过程当中的不便之处，从而方便下次的改进。

2. 要考虑真正的需求。听过这样一个故事，有一个国王非常宠爱自己的小公主，无论小公主想要什么都会命人满足她。有一天，小公主提出她想要一个月亮，于是国王就命人把天上的月亮摘下来给她。这个任务难倒了很多人，因为天上的月亮根本是不可能摘下来的。一名大臣灵机一动，问小公主："公主觉得月亮是什么呀？"小公主想也没想，就说："月亮就是金子做的，像镰刀一样的东西呀！"公主的这个回答，让大家哈哈大笑，同时也放下了心头的"大石头"。原来公主真正想要的，只是一把用金子做的镰刀，而不是天上的月亮。这个故事在告诉我们，企业在设计和制造产品时，不能光考虑用户表面的需求，而是要更深入地去考虑他们真正的需求。

3. 要比用户想得更多，看得更远。比方说，古代的人们出行只能靠双脚，有条件的就会骑马，如果这个时候他告诉你，他觉得马匹跑的速度不够快，那么你觉得，他的需求是想要一匹快马吗？可以说是，因此如果你化尽力气去训练一匹快马，也可以满足他一段时间的需求，但是过不了多久，他依然会觉得马不够快。为什么呢？因为他需要的不是快马，而是比马更快的交通工具。又比方说，消费者觉得带着现金出门非常不方便且不卫生，他需要的是你提供一个卫生的钱包给他吗？当然不是，他需要的是不使用现金的更方便快捷的支付方式。因此，企业在生产制造产品时，要以满足用户的需求为前提，同时又得走在用户前面，去思考更多用户还没来得及提出的需求。

个性化体验：粉丝经济的直观思维

什么是个性化？在这样一个经济大发展时代，可以说是“产品满为患”。也就是说，品牌产品种类款式繁多，且替代品多，消费者可以有多种选择。既然如此，我们就得考虑如何在众多产品中脱颖而出。那么，该如何脱颖而出呢？笔者认为，可以考虑采取两种做法：一是将产品做到顶尖，无人能敌；二是走出一条个性化道路，做到新颖和创新。显然，对于一般企业而言，要把产品做到顶尖非常困难。这种情况下，走个性化道路可能会是一个更合适的做法。

而粉丝经济是什么？用最通俗直观的话来说，就是培养一个粉丝群体，然后通过粉丝来获取经济效益。因此，培育粉丝就是其中的关键。如何培育粉丝？给予粉丝个性化体验是最重要的一环。

寻找差异化，不走寻常路

个性化的一个要求就是“求同存异”。换句话来说，就是大家可以做同一个类型的产品，但不能完全一致，也不能盲目跟风，产品和服务如果没有自己的特色，就难以提高自身的辨识度。如今，网购平台众多，但仔细分析，各个大型的网购平台还是各有各的独特之处的。比如说，消费者如果想要购买电子产品，首选那个网购平台？十有八九，答案会是京东商城。京东商城的特色主要有三点：一是家电是强项；二是自营正品商品；三是自家物流，配送神速。相较于淘宝网的“大、多、全”，京东坚持不懈地将自己的特点发扬光大，在网购的“江湖”中站稳了自己的地盘。又如，专做特卖的唯品会。如果有哪个新晋的网购平台，也想做特卖，然而并没有其他独特的招数，只是模仿而实质上没有任何创新，怎么可能竞争过唯品会呢？

个性化的另一要求就是满足用户的个性需求。一件商品是不可能满足所有用户需要的，毕竟每个人身处的环境不同，欣赏的角度不同，每个人都有他的个性需求。既然如此，企业应当适时地转变传统商业模式的观念，更多地让用户参与到产品的设计中来，将产品个性化。有住网是海尔家居旗下的互联网家装线上平台，它推出的“百变加”产品，基于“轻装修、重装饰”的概念，为用户提供量身定做的装修服务。该项服务打破传统的装修观念，从“装修”向“装饰”过渡，以个性化服务为主打，满足了不少80后、90后年轻人的需求。而且，只要用户订购了“百变加”产品，接着来的设计、施工、选材、过程监控等各个方面，都由有住网一站式解决，用户尽管“坐享其成”就可以了。

以定制化来实现个性化

要让用户获得个性化体验，首先得了解用户的个性化需求。谁最了解用户的个性化需求呢？当然是用户自己了。“定制”就是从用户自身出发，让用户自己来实现个性化。

1. 让用户自己定制。ZAKER是一款互动分享和个性化定制的阅读软件，它内容众多，包括咨询、报纸、杂志、图片、微信公众平台等众多内容，可以说是应有尽有。同时，它精心打造主题阅读、新闻专题、早晚报等独具特色的阅读栏目，内容形式多种多样，满足各种阅读需求。用户注册ZAKER后，可以根据自己的喜好对感兴趣的内容和栏目进行勾选，剔除不感兴趣的内容，让ZAKER变成自己的掌上图书馆，满足个性化阅读需求。

2. 为用户进行个性化推荐。今日头条是一款为用户推荐有价值、个性化信息的软件，号称“聪明的软件”，是如今移动互联网领域中成长最快的产品服务之一。它于 2012 年 3 创建，截止至 2016 年 8 月，累计激活用户数高达 5.3 亿，日活跃人数超过 5500 万，非常受欢迎。这款 APP 的特色就是个性化推荐，它可以根据每个用户的兴趣、位置等多个维度进行个性化推荐，推荐内容不仅包括新闻消息，还会包括电影、音乐、时尚等咨询。比如说，用户如果使用微博、QQ、微信等社交账号注册今日头条，它可以根据其原账号的社交行为、阅读行为、地理位置、职业、年龄等迅速判断出用户的兴趣，从而推送用户感兴趣的内容。

3. 二者相结合。在海量的信息当中，用户是需要个性化推荐的。然而，如果只有个性化推荐，也许不能尽如人意。可以将个性化推荐与自己定制相结合，打造一个量身定做的产品。豆瓣电台是豆瓣网推出的一个在线音乐收听平台。如今的音乐产业信息海量，每年世界各地都会有数不清的新专辑发布，再加上历史原有的存量，就算是专业的音乐人，也不敢说自己听过所有的歌曲或掌握所有的音乐流派。很多人听音乐时，不知道如何选择，一味地听老歌会厌倦，而新歌太多，也不知道从何入手。豆瓣电台解决了用户这方面的烦恼，它不需要用户设置播放列表，打开就能播放音乐，它基于豆瓣庞大的用户数据，通过判断用户在播放音乐时的操作行为，为用户推荐他可能感兴趣的曲目。同时，用户也可以自己定制，当听到自己喜欢的音乐可以标记“红心”，不喜欢的可以设置“不再播放”，同时还可以定制属于自己的“私人兆赫”，通过这些功能来打造用户自身的一个专属电台。

竞争成就更好的用户体验

前段时间，笔者发现自己手机的数据线断裂了，为了防止漏电导致危险事故的发生，决定网购一条数据线。网络平台众多，笔者选择了天猫商城上的品胜专卖店，然后选购了合适的数据线，在线付了款。选择品胜的原因，是因为该品牌名气较大，曾经购买过该品牌的一款充电宝，质量好，给笔者留下了好印象；而选择天猫商城的原因，则在于天猫商城的商品质量更有保证，且服务更好。让笔者惊喜的是，需要的数据线当天下午就送到了。得益于品胜推出的“当日达”服务，笔者解决了自身的需求，且获得了一次良好的网购体验。笔者相信，自己以后更会认准这个品牌。

以上讲述的，是笔者本人亲身经历的一件事，也可能是广大用户经历过的事情。从微观放眼宏观，当用户有某个购买需求时，可以选择的购买渠道众多，产品品牌如百花般竞相开放，在这种层出不穷的竞争下，要如何才能获得用户的好感呢？答案是：在解决用户需求的前提下，给予用户更佳的体验。

互联网的出现使得竞争愈发激烈

在工业时代，由于资源相对匮乏、地域有限制、交通不便利、渠道不畅通、信息不对称等多种原因，当消费者有购物需求时，并没有太多的选择。因此，企业只需要提供商品，不需要提供多好的服务，消费者没有别的途径也只能将就购买使用。

而在如今的互联网时代，互联网的发展和普及打破了商业中时间和空间的壁垒，也打破了传统的商业模式。各种网络平台的出现，给予了用户更多的选择。比如，在国内，用户可以选择通过淘宝网、天猫商城、京东商城、亚马逊等各种网购平台来购物。而这些网购平台上，又有成千上万的店铺和商品任你选择。也就是说，互联网的发展，加快了竞争的速度，也加大了竞争的力度，使得各个平台各个商家在提高商品质量的同时，开始逐渐意识到了“提高用户体验”的重要性。

体验是一种心理需求

什么是“用户体验”？这是个综合概念，指的是用户与产品“相处”的整个过程中建立起来的心理感受，包括购买过程的体验、使用过程的体验及售后服务的体验。

在传统观念中，买卖只是一种交易，一手交钱，一手交货，交易就完成了。这样的买卖，只是为了解决物质上的的需求。而当今时代，消费者已逐渐改变了这样的传统观念，不仅有物质上的需求，还有心理上的需求。比如说，此时你需要一个笔记本，当你购买到一个普通的笔记本时，你只会觉得解决了一个需求；而当你购买到一个心仪的笔记本，并且获得了商家一定的优惠时，你会觉得不仅解决了需求，而且心里非常高兴。这就是心理需求。

用户在购买商品时，除了关心商品本身外，还会关注很多方面，如购物环境，商家的服务态度、优惠福利，产品的售后服务、附加值等等。也就是说，消费者的需求已不仅仅是过去单纯的物质需求，已经渐渐地向心理需求蔓延了。

2011 年 1 月，腾讯公司推出了一款即时通讯软件，英文名为“WeChat”，也就是我们如今非常熟悉的微信。相信大家对微信的功能一定不会陌生吧？它可以快速发送文字、图片、文件、视频，支持高质量的语音和视频通话，通过朋友圈记录和分享生活点滴，在公众号中了解各种资讯，还有手机支付、转账、游戏、扫码等多种功能。发展到今时今日的微信，已不再只是一款通讯软件，而是如它的宣传语所说："微信，是一种生活方式。"

截止至 2015 年 3 月，微信已经覆盖了我国 90% 以上的智能手机，其中月活跃用户达到 5.49 亿。不仅如此，微信用户覆盖了 200 多个国家和地区，微信公众号数量超过 800 万个，使用微信支付的用户高达 4 亿人。微信能取得这样的佳绩，在众多的通讯软件中脱颖而出，备受瞩目，并不是偶然，而是因为有着全面而强大的功能和令人赞叹不已的用户体验。

微信所有的功能设计都是从用户的需求出发，以为用户带来最佳体验为目标的。例如：

1. 微信朋友圈的设计。每个用户都可以在朋友圈中上传自己的照片、视频，搭配上此刻想说的话，把自己的生活点滴和感想与朋友分享。同时，也可以看到自己通讯录中的用户发的朋友圈，还能给他点赞和评论，彼此互动，增进感情。但是，有些人的微信通讯录好友太多，发的朋友圈不希望让所有好友看到。对此，微信设置了"分组可见"的功能，用户可以把好友分为不同的组别，发朋友圈时可以选择相应的组别，那么就可以适当地保护自己的隐私了。

2. 通过微信公众号阅读资讯。微信开创了公众号的功能，企业和个人均可以申请公众号。对于企业而言，公众号是一个绝佳的营销基地，可以通过公众号发布企业的各种资讯，发起各种活动，吸引粉丝，组成社群；还可以通过微信与粉丝充分互动，提高粉丝忠诚度和社群凝聚力。对于个人而言，公众号可以发表文章，成为一个记录生活的好地方，也可以通过公众号建立个人品牌，培养铁杆粉丝。普通的阅读用户，可以订阅自己感兴趣的公众号，还可以通过设置"置顶"来方便自己的阅读。

3. 支付功能方便快捷。微信的支付功能是让用户赞叹不已的。用户可以将微信钱包与银行卡绑定，然后通过微信钱包来消费。如今，不少实体商家已与微信合作，用户出门只需要一部手机就可以轻松购物买单。比如，在便利店购物，结账的时候只需要扫一扫二维码，输入本次消费的金额，点击支付，就可以轻松付款了。

除了上面三个例子，微信还有很多强大的功能，例如生活缴费、滴滴出行、电影票等等，给用户的生活带来了极大的方便。可以说，正是因为竞争的激烈，用户才得以享受到微信趋近完美的这些体验，满足了自身的心理需求。

趋近完美体验：做足细节，超出预期

也许大家仍记忆犹新，美国宇航航天局的“哥伦比亚号”航天飞机，在胜利完成任务返回地面过程中接近地面的前 18 分钟，发生了爆炸。是什么原因造成这次空难呢？经科学家多年研究，最终分析的结果是：航天飞机左翼与机身连接处的一颗铆钉铆固不良！因为这颗小小的铆钉而引发一场空难，这是多么可怕的事情！正所谓“千里之堤毁于蚁穴”，检测维护人员如果能注重细节，精益求精，也许就能避免了这场空难的发生。

老子曰：“天下难事，必做于易；天下大事，必做于细。”但凡成功的企业，均有着质量过硬的产品，能给予用户趋近完美的体验。而要做到这些，就要从细微处着眼，抓住细节一步一步地迈向成功。

做足细节，体现态度

虽说细节不一定能决定产品的成败，但把细节做足，却能充分体现产品人专业细致的态度。一个专注的产品人，不会仅仅把一件产品看作产品，而是会把产品当作自己的作品来对待，会赋予其十足的爱心与耐心，将产品 360 度打造完美。

在 Apple Watch 上，用户可以选择花样繁多的动态壁纸，例如花朵、水母等等。这些壁纸乍一看上很简单，实则耗费了产品人大量的时间和精力。据苹果设计主管 Alan Dye 介绍，光是这些动态壁纸的拍摄，就花费了长达 285 个小时的时间，总共拍摄了约 24000 次方才满意。而水母的壁纸更是采用了 300fps 的高速相机来进行拍摄。其实，壁纸对于这款产品的用户来说，也许不过是锦上添花的一环，但是对于产品人而言，每一个细节都是将产品打造完美的关键。

做足细节，打造惊喜

在如今各类产品的海洋中，同一类别的产品也许有千千万万个品牌在生产制造。那么消费者在选购时，就有很多种选择。而产品如果只能做到满足客户的需求，那么这个产品就势必会面临众多同类产品的竞争，甚至会被陆续出现的其他产品所取代。要让消费者“相中”你的产品，可以从细节入手，给消费者打造惊喜。

“故宫”是 TOUCHCHINA 旗下的一款旅游 APP，号称“用户的贴身故宫导游”。它利用多媒体的手段，全景式地展现了故宫建筑、历史、文化的方方面面，提供给用户全新的引导体验。它的主要功能包括：超过 40 处景点的详细介绍、长达 3 小时 30 分钟的专业人士语音解说、景点的查询和跳转、故宫范围内的精确定位等等。值得一提的是，这款应用有两个细节处理得非常到位，让用户体验到惊喜感：一是应用内置拍照功能，用户可以在打开应用的同时随时使用内置的拍照按钮来拍照，而不需要退出应用；二是应用的下方是放大、缩小按钮，千万不要小看这个细节的处理，一般的地图需要同时使用两个手指来实现放大和缩小的处理，然而旅游人士一般手上总拿有伞、水瓶等物品，如果此时要空出一只手要放大、缩小地图，是非常麻烦的。因此，当用户体验到这款 APP 的细节处理时，就会立马有惊喜的感觉。

做足细节，彰显人文关怀

产品的最终受众是用户，产品虽然没有生命，但细节处理得好，就能感动用户。一件好的产品，是要懂得“说话”的，就好像是产品设计师与用户中间的桥梁一样，承载着产品人的人文关怀精神。

百度一直很注重细节带给用户的体验。有这样的一个细节：当用户在使用百度进行搜索时，也许会因为忘记切换输入法或失误而输入了错误的关键字。这个时候，百度会“聪明”地想到用户所想检索的内容，自动切换到正确关键字的搜索页面，并且会提示用户“您是不是要找XXX(正确关键字)？继续搜索XXX(原来可能输入错误的关键字)”。这样一个小细节，就大大减少了用户因失误而造成的错误搜索。

苹果手机在用户输入文字时设计了一个“放大镜”的功能，当用户希望在文字当中插入其他文字，就可以利用这个放大镜来精确到具体的位置。这个细节的完美设计，可以说给很多用户带来了绝佳的体验。这般贴心的细节处理也体现了产品人的人文关怀精神。

根据用户反馈，不断改良细节

用户在使用产品的过程中，也许会有不尽满意的地方。产品设计者可以根据用户反馈的意见，对产品进行不断的改良，特别是一些细节上不易察觉的地方。加强细节的处理，可以完善产品的用户体验度。

搜狗在关注用户体验这方面，一直做得比较好。其中，“一个顿号”的故事，在业内非常有名。搜狗输入法刚推出不久时，采取了四平八稳的“随大流”的做法，即采用正斜线作为顿号。但是，这个版本推出后，搜狗就接到了用户十几封邮件的反馈，说他们找不到顿号。随后，搜狗就把顿号改到了反斜线上。可没想到，这样一来，很快反馈找不到顿号的邮件就有上百封。终于，搜狗决定根据用户的反馈，开创性地将正斜线、反斜线都改成了顿号。进行了这个改良后，用户再也不用担心找不到顿号了。直到现在，搜狗仍一直坚持通过邮件、微博、论坛等渠道来获取用户的反馈，并且根据用户的反馈不断地完善自己。正是凭着这种态度，使得搜狗很快超越微软、智能 ABC 等输入法，成为了如今市场份额占有率最高的中文输入法。

无论做了什么，要让用户感受到

对于一个有专业精神的产品人而言，产品不仅是产品，还是自己倾注了心血的作品，是他与用户沟通的一座桥梁。通过这件作品，他可以把自己的诚意、品味、态度和感情传达给用户，从而引发用户的共鸣，让用户获得良好的体验。

上乘的质量，要让用户感受到

毋庸置疑，产品的第一要义必须是质量要过关。任何产品，如果没有过硬的质量，即使外观再精美、设计再独特、价格再便宜，也很难长期获得市场占有量，精明的消费者们迟早会发现这是一个“黑心的苹果”，当然吃不得。只有上乘的质量，才能站稳脚跟，获得用户的信任。

凤凰牌是全球知名的自行车品牌，自 20 世纪 50 年代生产制造以来，全世界已有近 2 亿的消费者选择了凤凰自行车的产品，享有很高的国际美誉度。90 年代起，凤凰自行车被选为中国轻工业产品的代表之一，并被当作我国政府赠送外国贵宾的礼物。国务院总理朱镕基等国家领导人都曾将凤凰自行车作为国礼赠送外国领导人。多年来，凤凰自行车不断完善技术创新体系，倡导产学研联合开发，不仅拥有一支技术开发队伍，还与科研院所多方位进行合作，不断地研究新材料、新技术和新产品。如今，凤凰自行车以开发出一系列诸如山地车、越野自行车、沙滩车、折叠自行车灯符合主流群体消费心理及需求的产品，并已申请多个专利。虽然，凤凰自行车在不断地更新换代，但不变的是其精益求精的上乘的质量。正是因为品质极佳，才受到了用户长期而广泛的好评。

齐全的功能，要让用户感受到

在如今品牌产品繁多的时代，用户们除了对产品质量有要求，对产品的功能亦有一定的要求。如果产品只有单一的功能，恐怕不能满足用户多方面的需求；而一种产品如果功能齐全，就可以让用户心生“一物多用”的感觉。

支付宝是一款国内领先的第三方支付平台，专注于为用户提供“简单、安全、快捷”的支付解决方案。2003 年，淘宝网首次推出支付宝服务，之后于 2004 年与淘宝网分拆独立，逐渐向更多的合作方提供支付服务。自 2014 年第二季度开始，支付宝成为当前全球最大的移动支付商。而截至目前，支付宝实名注册用户已超过 3 亿，支付宝钱包活跃用户超过 2.7 亿。在一开始，用户对于支付宝的印象就是网购支付工具，它为用户省去了网上银行支付的繁琐，使得网购变得更为简单快捷。然而，随着支付宝的发展，它的功能已不仅于此，除了提供网购支付服务外，支付宝的在线缴费服务还包括水电煤缴费、教育缴费、交通罚款、有线电视费等。除此以外，支付宝中的“服务窗”栏目，还提供保险理财、手机通讯、零售百货、医疗健康、休闲娱乐等十余个类目的服务。可以说，用户只需要在手机里安装支付宝钱包 APP，就可以满足生活中大部分的需求。如此齐全的功能，怎能不让用户赞不绝口呢？

别具匠心的创意，要让用户感受到

产品能否吸引人，关键在于其是否具有创意。充满创意的设计，不仅能方便用户的生活，还能给用户带来眼前一亮的惊喜感；反之，普通平凡的产品，无法激起用户心中的涟漪，且终将被淘汰。一个专注的产品人，应当自己的产品中加入创新的元素。

不少生活小物件的创意设计，会让用户惊喜万分。例如：

折叠伞在雨天使用过后不容易干，用户一般会找空间将其撑开晾干，这就比较麻烦；如今，折叠伞有一种手动抽干器的设计，用户只需要拧开手把伞旋转就可以轻松地把水甩干。

衣服上的纽扣一般需要针线缝制，这对于不少不会使用针线的用户而言，就是让人头疼的事；为了解决用户的困难，已设计了一款“订书机”式的纽扣，不需要针线既可以将纽扣安置在衣服上，方便快捷。

饮料的包装盒边上一般会配有另外的吸管，但是如果在运输途中或者不小心把吸管弄丢了，饮料就无法实用；利乐包装的设计，把开口和吸管合为一体，方便又省心，再也不担心吸管丢失了。

冲剂在冲泡时，一般需要勺子或筷子加以搅拌才可饮用，而如果身边没有这两样工具，冲剂的冲泡就成问题了；带有勺子的冲剂包装设计，把勺子和冲剂结合在一起，让勺子成为冲剂的容器，这样的包装使得用户无论在何时何处都可以方便搅拌。

贴心的细节，要让用户感受到

一件用心的产品，必然是一件注重细节处理的产品。细节处理得好，用户才能够从细节中感受到产品人的用心和诚意；细节处理得不好，则可能让用户心生失望，甚至对品牌留下不好的印象，这对于品牌的发展非常不利。

以设计精美著称的Yahoo的两款APP产品“YahooWeather！”和“YahooDigest”，除了产品设计上的突出表现外，还特别注重细节的处理。其模糊和斜切的手法，让整个产品的品牌气质提升了水准。YahooWeather！无论是在布局、字体和色彩的运用上都显得十分细致，而滑动时模糊的处理更使界面流畅平滑。YahooDigest的斜切的设计突出一个“破”，就是在不影响照片内容的前提下，既能在视觉上带来良好体验，又能在排版上巧妙地为色彩标签留下一席之地。斜切设计这个细节上的处理，比起一刀平，更显得灵动而不失平衡感，让用户印象深刻、惊叹不已。

用户体验至上：产品致胜的窍门

为什么很多人喜欢到咖啡馆去喝咖啡？每天早上，很多咖啡馆中总会排着长龙，服务员会根据客户的需求调制咖啡，大杯或中杯，加奶或加糖，然后手捧着纸杯，享受略带苦涩却风味浓郁的咖啡，开始一天繁忙的工作和生活。如果下午有时间，则还希望去趟咖啡馆，带上笔记本电脑，找个角落，点一杯咖啡，思考记录，度过悠闲时光。

假设一杯 250 毫升的咖啡售卖 30 元人民币，如果消费者购买咖啡机自行调制，成本恐怕只需要咖啡馆 1/3。其实这个道理每个消费者都懂，但是咖啡馆的人群还是络绎不绝。因为前往咖啡馆的消费者，购买的不仅是一杯咖啡，更是一份体验。

互联网时代，用户体验更为重要

随着互联网的不断发展，传统的营销模式已逐渐转变为互联网营销模式。这也意味着，用户的选择权越来越大，话语权也越来越大。不少网购达人都表示，相较于淘宝网，他们会更愿意选择天猫商城。尽管淘宝网上的价格更低，但是天猫商城的商品质量更有保障、客服态度更专业、售后服务体验更好。可以看出，商家已经不能一味地打“价格战”或是“产品战”了，而应更多地着眼于提高用户体验。

传统的商业模式就是买和卖，商家拥有商品，消费者需要商品，于是商家从这种供求关系中获取利益。在这个过程中，商家关心的只是商品能不能卖出去，哪些商品卖得好。而买家关心的，则是哪个商家的商品符合自己的需求，且价格较低。但如今的商业模式，可以说已经发生了很大的转变。消费者在购买商品时，除了关心商品本身及价格外，还会希望购物环境好、商家服务态度好、售后服务好、产品附加值多等等。消费的重点在逐渐转移和扩大，商家要考虑的因素变得越来越多。

宜家家居，对于很多消费者而言，不仅是家居商城，还是娱乐场所。宜家一反普通的家居商城营销模式，将家具通过不同主题进行组合搭配，组成一个个“家”。消费者在逛宜家的时候，看到的不仅是各种新奇漂亮的家具产品，还是一个个设计精美独特的“样板房”。而且，宜家摆放在商城中的所有商品，消费者都可以亲身感受，沙发可以随便坐，床可以随便躺，自由地就好像在自己家里一样。考虑到商城非常大，逛完需要较长时间，消费者难免会疲乏，宜家就在商城中开辟非常大的就餐区域，而且很多饮料都提供“免费续杯”的服务。儿童游乐园也是免费的，小朋友可以在里面玩上一整天。这么多良好的体验，会让消费者产生依恋感，消费者当然愿意经常去走走看看，将其看作娱乐场所了。

看准互联网的发展趋势，打造更好的用户体验

随着移动互联网的发展及智能手机的普及，人们的网络生活已渐渐地从电脑“搬”到了手机上。电脑虽然强大，可是体积重量较大，无法随身携带、随时随地使用。手机体积小，不占地方，而且可以随时掏出来上网，方便快捷。因此，移动互联网营销和推广也越来越被商家所重视。

淘宝网顺势而为地推出手机客户端，为手机用户提供更方便的网购服务。用户只需要下载手机淘宝，就能在手机上浏览电脑网页版的所有商品，其中包含了天猫、聚划算、天猫超市、淘生活、淘点点等各类服务。用户再也不用和以前一样，抽出时间趴在电脑前网购了，只需要一台手机，就可以随时随地刷淘宝，搜索并网购到自己的心仪商品，还可以即时使用手机支付。不仅如此，为了用户可以更好地把握碎片时间刷淘宝，手机淘宝还贴心地为用户推出“每日首发”等栏目。

速 8 酒店原本是一家传统的酒店企业，通过传统模式经营。而在如今互联网的席卷下，速 8 酒店懂得转变观念，逐渐地做出了顺应时代发展的改进。它运用互联网思维，把线下酒店搬到了线上，用户只需要通过上网就可以浏览酒店的各种设施和服务，从而决定是否预订。并且，速 8 酒店还开通了官方微博、微信的方式来进行推广、营销，与粉丝亲密互动。它曾在官方微博中，推出不少活动，如“Super 特价”“68 元起”“天天特价”等；也在微信中开启“2015 呼朋唤友，一起要发要发”等优惠活动。不少粉丝表示，他们通过互联网更加了解速 8，并逐渐成为铁杆粉丝。借助互联网，特别是微博、微信的推广，带给了用户更好的体验，同时有效地提高了用户的关注度，扩大了产品的知名度。

肯德基是一家街知巷闻的西式快餐，相信大家一定非常熟悉，其市场占用率高，且餐品质量、服务态度等均广受好评。一般而言，消费者都是直接前往店里就餐的。但是，肯德基考虑不少粉丝有时难以抽出时间亲自到店里用餐，就推出了“肯德基宅急送”的服务。且为了吸引更多的手机用户订餐，推出了针对肯德基外卖的肯德基宅急送 APP。用户进入肯德基宅急送 APP 后，只需要点击“订餐”，选择好送货地址，就可以挑选美食了。通过手机订餐，还可以享受一定优惠。不仅如此，肯德基宅急送为用户提供了 30 分钟之内送达的服务，提升用户体验。

创造新鲜感，和粉丝互动

在粉丝经济时代，和粉丝互动是提高产品关注度、提高粉丝忠诚度、加大社群凝聚力的有效方法。品牌的经营者在意识到这点后，逐渐开始思考“如何抓住粉丝注意力”这个问题。随着时代的进步，品牌产品层出不穷，营销方式多种多样，粉丝的需求和“口味”也在不断变化，品牌的经营者要如何来应对这些变化呢？答案就是：创造新鲜感。

优质的内容依然是核心

美国的娱乐经济大师迈克尔·沃尔夫所说：“如何抓住消费者的注意力？企业应在产品中添加些什么才能提高产品价值？答案是八个字，‘娱乐内容’和‘娱乐要素’。”

要想创造新鲜感，吸引粉丝的参与和互动，品牌的内容依然是重中之重。可以说，内容是品牌的精髓，是引起粉丝共鸣的核心。只有优质和积极的内容，才能吸引粉丝的关注，才能引发粉丝的互动。

很多浪漫的爱情电影中都有这么一幕：美丽的女主角在开放式厨房中烹煮食物，这时男主角于其身后温柔抱住，两人耳鬓厮磨，笑容化于羹汤中。开放式厨房一直是国人的一个梦，但无奈浪漫却总被油烟缠绕。所幸，博洛尼集团通过成百上千次的潜心调研，终于于2012年研发出一款名为“α

拢烟橱柜”的产品，希望可以以此颠覆国人的厨房生活方式。

橱柜行业品牌众多，竞争激烈，“α 拢烟橱柜”要如何成功吸引用户的眼球？博洛尼 CEO 蔡明在微博上发布出“收辣椒并免费送辣椒”的消息，随后博洛尼的官方微博详细发布该活动的内容：“用户将炒辣椒的照片上传微博并 @ 博洛尼官方微博，就有机会免费获得 7999 元‘神器’一套！”这对于广大用户而言，参与方式简单，奖赏丰厚，自然容易吸引大家的关注了。随后，博洛尼推出产品，并上线了“博洛尼暴力实验室系列微电影”，通过更为直观和动感的方式来展示“α 拢烟橱柜”的各项强大功能。

最终，博洛尼 CEO 蔡明的这条微博被转发近 5 万次，评论总数过万，成功获得了广大粉丝的支持和关注。各大媒体也纷纷对博洛尼此次“辣椒门”事件进行了报道，并且给予了很高的评价。

博洛尼一反传统的广告模式，通过互联网推广产品并与粉丝进行充分互动，可以说是以更低的成本获得了更好的效果。此次营销得以成功，原因有两点：一是营销的内容是优质而积极的，靠质取胜；二是通过互联网吸引粉丝的关注，并引发话题吸引粉丝的积极参与和互动，更有利于推广和传播。

别具一格的创意是基点

如果说，优质的内容是营销的核心，那么别具一格的创意应是其中的基点。正所谓“人靠衣装”，营销就像包装，要使产品成功吸引用户的注意力，如果没有创意和新鲜感，再怎么好的内容都难以被发现。因此，实现内容和创意的有机结合才会让品牌的营销效果更加好。

美国总统奥巴马就是这样一个“创意营销者”。时间追溯到 2007 年初，当时的奥巴马只做过一任参议员，因为他的名字发音略微奇怪，所以其民众认知度不到10%。可其在18个月后，他筹集到了比任何美国历史上其他总统更多的资金，并且最终成功出任第44任美国总统。

我们来看看这位领导人是如何实现成功的？从某种程度上来看，这绝对是一场精妙绝伦的自我营销活动。这个营销活动使得他获得了广大草根一族的支持，而他的竞争对手根本还没有意识到这个层面上的问题。在他了解到当时网民人数的庞大后，转变了以往的思维方式，用别具一格的创意方式来为自己聚拢人气。他通过Facebook、Youtube等社交媒体来发布照片、视频、行动口号，用最“接地气”的方式来自我推广，并与草根阶层保持亲密互动和沟通，吸引他们的关注和支持，解答他们的问题和疑惑，这就打破了他与其他支持者之间的障碍。最终，奥巴马在社交媒体上掌握了超过2000万的关注点，并拿下了最受欢迎的Facebook个人页面，成为第一位出现在社交媒体上的国家领导人。传统的“拉票”方式，一般是通过发布演说、提高曝光率等方式来吸引关注，奥巴马反其道而行之，通过创新模式，成功提高了人气。

国内第一家网络珠宝企业“钻石小鸟”，也十分擅长于通过创意的方式与粉丝互动。其别具匠心的方式就在于，通过发布故事性文章以引发用户情感共鸣。2015年3月6日，在距离“妇女节”还差两天的时候，“钻石小鸟”在其官方微信中推出了一篇感人至深的文章《与“她”书：致我生命中的那些可爱女人》，这篇文章一共由三个部分组成，主要表达了对母亲的敬意、对妻子的爱意、对女儿的感激之情。文章用动人的笔触、细腻的情感，十分感人，让每个读者感同身受，引发了广大用户的共鸣。

除此以外，“钻石小鸟”还顺势举办了一场名为“3月8日，给你生命中的可爱女人”活动。活动的具体内容是：用户把想对“她”说的话发送至微信朋友圈，并截图发送给“钻石小鸟”的微信服务号；“钻石小鸟”将评选出最感人至深的一句话，并以精美首饰项链套装作为奖品。

此次营销活动成功地获得了用户的多次转发和评论，并收集了不少用户参与活动的珍贵话语，再次为“钻石小鸟”聚拢了一批粉丝。活动的精彩之处就在于，先用故事的形式唤起用户的情感共鸣，再用活动的方式吸引用户的广发参与，通过内容与创意的有机结合，打造了一次非常成功的营销活动。

第五章 品牌管理

要“鱼”更要“渔”，好的品牌只做不说

粉丝，真正的企业品牌缔造者

在粉丝经济时代，人们越来越重视品牌的打造。所谓“品牌”，并不是简单地指代产品或服务的商标，而是一个综合概念，表面的意思指产品的名称、标记或符号，更深层次的意思是指产品的精神象征、价值理念，包括产品的功能、效用、品味等一系列附加值。

粉丝，是粉丝经济时代的受众，也是主要的话语权掌握者。一个品牌能否成为品牌，能否被成功打造，关键就在于其粉丝的数量和质量。

粉丝，品牌成败的关键

互联网的发展使得“品牌粉丝文化”发挥得淋漓尽致。不管是哪个国家、哪个地区的品牌，全世界的粉丝都可以通过互联网参与到品牌文化的创建、传播和打造当中。粉丝们也因此实现紧密连接，并且因为共同打造和传播品牌文化而彼此吸引、凝聚在一起。

所以，打造品牌与经营粉丝已经密不可分。我们无论从哪个角度去谈品牌的打造或是品牌的文化，都离不开“粉丝”二字。正因为品牌背后有粉丝的支持和追捧，品牌才得以建立和维护。

这与传统的营销模式有一定的相同点和不同点。相同点在于，在传统模式中，一个优质产品通过长时间的广告宣传，慢慢地被用户认可和接受，接受的用户多了，则会逐渐成为品牌。不同点在于，在互联网商业模式下，一个优质产品可以短时间吸纳一定数量的粉丝，再通过粉丝口碑式的传播，吸引更多的粉丝。告别过去的广告模式，让粉丝去推广，会让品牌打造得更快、更好。

在粉丝经济时代，品牌的创始人已不再是品牌的拥有者，而只是品牌的经营者。因为，一个真正的好品牌是属于粉丝的。企业利用互联网制造和推广产品，吸引粉丝；粉丝购买产品，就是对品牌的信任和认可。在这个过程中，粉丝会渴望能够参与品牌产品的设计制造上，在使用时也会有所反馈，以促进品牌的改良。

而没有粉丝的品牌，最终会被时代所淘汰。不管是苹果、小米等互联网企业，还是黄太吉煎饼、雕爷牛腩等传统企业，都纷纷证明了粉丝在品牌的缔造过程中所发挥到的强大的作用。粉丝的力量是难以想象的。例如，苹果是目前拥有粉丝规模最大的品牌。不管是哪一个系列的苹果产品，在其推出时，都可以看到庞大的“果粉”群体为其欢呼呐喊，特别是新品发布会上人潮汹涌的架势，就足以看出“果粉”力量的无与伦比。又如，小米通过“为发烧而生”的高性能、低价格的产品，及 CEO 雷军的人格魅力，吸引了一大波喜欢“玩机”的粉丝，并打造了庞大的“米粉”社群。仅仅是 2014 年上半年，小米的销售成绩则高达 2600 万台。是什么能够创造出这样的销售神话？答案无疑是粉丝的力量。可以看出，粉丝的力量不容小觑，粉丝即品牌的命脉，没有粉丝的品牌终究不能成为大品牌，甚至会在时代的巨轮中逐渐走向消亡。

粉丝营销，就是打造品牌

粉丝的数量和质量直接影响到品牌的命脉，没有粉丝的品牌根本不可能成为成功的品牌。基于这一点，企业应当适当地转变传统的思维方式和营销模式，更多地把重点放在粉丝营销上。

古代“豆腐西施”的故事流传至今，且不论她的豆腐到底够不够嫩，好不好吃，毋庸置疑的是人们大多是冲着“西施”而去的。“西施”的美貌吸引了一大波粉丝，每天都有不少人为了一睹“西施”的风采，不远百里前往她的豆腐档口光顾，慢慢地，就连她的豆腐也一并受到了关注和支持，“豆腐西施”的品牌就广为流传了。

作为深受80后、90后青少年群体喜爱的两位偶像作家韩寒、郭敬明，都是自我品牌打造的成功典范，而他们打造品牌的秘诀就在于粉丝营销。韩寒自少年时代开始就成名，凭借其特立独行的个性和犀利幽默的文风，获得了“天才少年”的美誉。从当红偶像作家到著名赛车手、从媒体人到导演，韩寒吸引了一大波粉丝的追随和支持，把自己的个人品牌打造得广为人知。其媒体曝光率可谓是高居不下，百度新闻关于韩寒的报道就超过13万篇，其新浪微博的粉丝更是高达4300万，2014年上映的首部电影《后会无期》的票房高达6.5亿之多。

郭敬明从一个青年携手到出版人、艺人、企业老板，再到今时今日的导演，其成长之路一直伴随着争议，从“抄袭”“拜金”一直到现在的“烂片”，吐槽的声音可以说是有增无减。但不可否认的是，“郭敬明”的个人品牌是非常成功的，因为他拥有数千万的粉丝拥护他。其在新浪微博中的粉丝数量超过4000万，电影《小时代》系列尽管评分较低，但却收获了超过10亿的总票房，在谩骂声中可谓是笑到最后。如今，新电影《爵迹》即将上映，想必又会引起郭敬明粉丝们新一轮的摇旗呐喊了。

《万万没想到》是2013年万合天宜推出的一部自制网络剧，在每集5分钟的时间里，屌丝主角“王大锤”在不同时代扮演不同的角色，尽管总是遭遇挫折和失败，但仍迎难而上。他凭借着夸张的表现手法，令人捧腹大笑的故事情节，在原本低迷的网络自制剧的“江湖”中获得了令人惊叹的好成绩。光是《万万没想到》第二季第一集的点击率，在上线一周内就以迅速达到了 3000 万，广告收益也突破了 2000 万元。《万万没想到》能够成功打造成品牌，获得巨大的经济效益，原因就在于它善于利用精准定位的粉丝营销策略，找准用户群，吸引了一大波粉丝的关注。而正是因为粉丝群体的大力追捧，才使得品牌地位得以牢固和发展。

让品牌人格化，做“人”比做企业更吸引粉丝

2012年，“褚橙”的故事不胫而走。这种原本产自云南，以鲜甜可口著称的橙子，由于被烟王红塔集团原董事长褚时健种植而得名“褚橙”，又名“励志橙”。如果不是“褚橙”，褚时健的名字大概已经淹没在市场经济的大潮中了，75岁保外就医，承包了2400亩荒山种植“褚橙”，经过10载的不懈耕耘，终于在他85岁的耄耋之年，迎来了他人生的第二次创业成功。“褚橙”当然有它本身的食用价值，但是更多的是褚时健赋予了它的人格价值。王石曾说：“衡量一个人成功的标志，不是看他登到顶峰的高度，而是看他跌到谷底反弹的高度。”褚时健的励志故事让“褚橙”具备了生命力和人格魅力，且通过包装和营销，将其卖点并不断放大，这就把“褚橙”卖出了高大上的格调。

什么是“品牌人格化”

品牌人格化，通俗来说，就是通过把品牌拟人化、拟物化、情感化的方式，来展现品牌所拥有的价值观、格调、情怀等。

举个简单的例子，在汽车市场中，有一个有趣的现象：一般来说，政府公职人员选购汽车不会选择宝马，商场精英不会选择奥迪，学者教授则不会选择奔驰。当然了，这是在不考虑经济条件的前提下。那么，为什么会出现这种现象呢？因为这些品牌所彰显的个性与上述所提到的用户群体的气质不符。在中国，奔驰就是经济能力丰厚的象征，它舒适、豪华的内

饰和外观彰显了其尊贵的个性，更加符合商场精英的气质；而宝马则象征着年轻、自由、奔放，更能打动成功的年轻人；奥迪则更多地彰显出其时尚、动感的个性。这就是品牌的“人格化”，它虽然是产品，但它却具备个性、态度、价值观和品味。用户在选购时，除了关注产品性能价格，还会挑选符合自己气质的个性化产品。

“罗辑思维”的创始人罗振宇曾说：“互联网时代，特别是移动互联网时代，品牌是基于人格魅力带来的信任与爱，是品牌的去组织化和人格化。”“罗辑思维”如果仅仅是一个品牌，或仅仅是一个社群，那么它不可能吸引一波又一波的铁杆粉丝的大力追捧。其成功的原因就在于，品牌被“人格化”，它更像是一个“人”，是一个有种、有料、有趣的“人”。

如何实现“品牌人格化”

宝马被赋予了年轻、自由、奔放的个性特征之后，它就不仅仅是一辆车，而是车主的好伙伴；褚橙被赋予了励志的故事和情感后，它就不再是一只普通的云南橙子，而是一种情怀。品牌人格化，就是要在所有相关的品牌宣传推广方式中，通过故事、情感等将品牌打造成为具有独特魅力和影响力的个性化符号。让每一位目标受众都能“对号入座”，在潜移默化中加深对品牌的好感，产生发自肺腑的情感磁场效应，触动心灵共识，促进品牌价值认可。

2006 年，统一奶茶推出了星座个性版的软包装。味道没有变化，但是在包装上印制了十二星座女生的绘图，采用台湾漫画的画风，并且每个星座都搭配了相关的形容词和一句话，例如“水瓶座——独立；从不要你陪、奶茶做我伴”“金牛座——务实；说那么多甜言蜜语，不如乖乖送上奶茶啦！”等等。虽然在口味上没有改变，但是通过人格化的设计让产品具备新鲜感，更能吸引消费者、特别是女性消费者的关注，似乎这些印制了星座女生的统一奶茶，能让消费者喝出星座特征，喝出不一样的感觉。

2013 年夏天，可口可乐也玩了一场“人格化”活动。它在中国推出了 24 款个性包装，例如“吃货”“小萝莉”“表情帝”“文艺青年”“月光族”“邻家女孩”“高富帅”等等。这样一来，原本平淡无奇的可口可乐就好像被赋予了生命和性格，成功地吸引了广大消费者的注意。这时，品牌人格化就好像有了“魔法”一样，敏感地抓住消费者的心理，消费者在选购的时候会依据自己的个性或是喜爱的个性选择一瓶被赋予人格化的可口可乐，喝上一口“有个性”的汽水，似乎会在心里产生微妙的化学反应。这款人格化可口可乐，通过五月天的代言、微博平台的分享活动等传播，当即销量较上年同期增长了 20%，且在“中国艾菲奖”中摘得全场大奖。

说到品牌人格化，自然就会想起罗永浩和他的锤子手机。锤子手机能拥有一定的市场占有额，不是因为其产品性能有多好，而是因为——粉丝购买的不是手机，而是情怀。罗永浩在踏入手机行业时说过一句话：“我不是为了输赢，我就是认真！”这句话仿佛让他的锤子手机霎时间具备了“认真”的精神品质。因为这份态度，粉丝选择了支持，选择了追随和力挺到底：“你负责认真，我们负责帮你取胜。”尽管锤子手机一路磕磕碰碰，但还是获得了 2015 年第 62 届 iF 国际设计奖金奖。

人们常说：“性格决定命运。”其实这句话，放在品牌上也是适用的。在如今品牌趋近同质化的时期，品牌的个性和气质成为影响品牌受关注度和受欢迎度的关键一环。企业应该要把品牌当“人”来看待，去塑造与众不同的人格、态度、价值观和情怀，被赋予独一无二的性格气质的品牌，会比那些冷冰冰的品牌，来得更有生命力与活力。

品牌营销，让创始人代言

提到聚美优品，几乎所有人都会联想到陈欧，以及他的那段“陈欧体”：“你只闻到我的香水，却没看到我的汗水；你有你的规则，我有我的选择；你否定我的现在，我决定我的未来；你嘲笑我一无所有不配去爱，我可怜你总是等待；你可以轻视我们的年轻，我们会证明这是谁的时代，我是陈欧，我为自己代言。”2013 年，这段朗朗上口的“陈欧体”走红网络，为聚美优品大大提高了关注度，同时，聚美优品的网站流量和[illegible]因此大幅提升。那么，作为聚美优品的[illegible]，陈欧为什么要从幕后走到台前，亲自[illegible]。

品牌创始人代言，已不再新鲜

在传统观念中，品牌营销一般会邀请明星当代言人，通过明星的号召力和影响力来提高用户对品牌的认知度和关注度。而品牌的创始人，则习惯于在幕后指点江山。

但是，在如今的互联网时代，品牌的创始人或 CEO 已不再是一个“幕后军师”的角色，基于他对于品牌有着更深刻的理解和更浓厚的情感，让创始人移步台前，也许会是更适合品牌的形象代言人。陈欧认为：“企业家从幕后走向台前有助于向社会公众展示企业最真实的一面。”

聚美优品为什么可以选择陈欧当代言人呢？原因有三个方面：一是创始人陈欧具有海外留学和创业的背景，个人形象较好，具备被打造成明星

CEO 的条件；二是将陈欧的奋斗历程打造成品牌背后的故事，可以赋予品牌人格化，让原本冷冰冰的品牌充满情怀；三是将陈欧的个人品牌成功打造后，可以反作用于产品品牌，更好地推动动聚美优品的发展。也就是说，创始人为品牌代言，可以把自己的专业技能、人格魅力及创业故事演绎成信任符号，赋予品牌人格化，同时通过打造个人品牌驱动企业品牌的树立，推动产品品牌的营销推广。

这样的营销路径，已经有越来越多的企业愿意尝试了。2014 年开始，原本由成龙代言的格力空调广告渐渐淡出了公众的视野，取而代之的是，格力集团董事长董明珠亲自为品牌代言。董明珠作风大胆，个性突出，不仅为格力空调代言，还将自己的头像设置为格力手机的开机图像，霎时间成为了网络上无人不知的“明星”，可谓是风光无限。而格力品牌，也因此一度成为了人们热议的话题。

品牌创始人代言，有哪些好处

创始人相较于其他人而言，会更热爱品牌。曾经有人说过一句话：“创始人与他的品牌之间，是有‘血缘关系’的。”“血缘关系”这个比方就打得非常好。尽管我们知道，明星相较于创始人而言，也许形象更好，影响力和号召力也更大。但是，创始人对于自己的品牌，就像一个母亲对待自己的孩子，会不惜代价、百分百地付出，且希望孩子越来越好，感情的深厚自然是不言而喻。“局气”的创始人韩桐是这么形容的：“比如我是做北京菜的，我身体里流淌的血液必须有这个基因才能做好它，这个很关键。”他会希望他的品牌以最好的形象呈现出来，比如装修第一家店时，找了四五波设计师，不管钱花多少，都希望装出来的效果是自己心中想要的，最符合品牌形象的。从这个小故事就可以折射出一个现象：创始人会比其他人更希望品牌能做好，让创始人亲自代言会更加不遗余力。

创始人代言会更有说服力。相对于其他人而言，品牌的创始人是赋予品牌生命力的人，他会更加了解品牌的“前世今生”，而且他也希望通过品牌与更多的受众沟通交流，传递品牌的价值观、个性特点、态度等。

“一个美女私房菜”的创始人关亚男，既是自家品牌的创始人、经营者、厨师，也是红遍互联网的品牌代言人。对于自己的私房菜，关亚男从买菜、洗菜、切菜、做菜到配送等各个环节都坚持亲力亲为，做到最好。后来逐渐发展了“烘焙小课堂”“亲子 party”等多个体验项目，逐渐形成了品牌。在这个过程中，关亚男可谓是倾尽心血，当然要比任何人都具备说服力，更适合当品牌的代言人。

打造个人品牌，带动产品品牌的推广。“陈欧体”红遍网络后，除了聚美优品成为消费者的关注点外，陈欧本人也从 CEO 摇身一变成为了“明星 CEO”。其帅气的外表、海归的背景、成功的创业故事，吸引了一大波粉丝的热情拥护。因此，陈欧也逐渐打造出了自己的个人品牌。个人品牌形成之后，会形成联动作用，有助于推动产品品牌的发展。也就是说，陈欧的粉丝会因为关注陈欧，从而爱屋及乌地关注聚美优品。同样道理，关亚男成为餐饮“网红”之后，知道关亚男的人也许会比知道她的私房菜的人要多，那么“关亚男”这个品牌就有助于引发更多人对私房菜的关注。

创始人代言，更节约传播成本。众所周知，明星代言的费用相当高昂。根据网络上的非官方数据显示，一线明星的代言费甚至高达数千万。格力集团请国际巨星成龙代言，需要支付巨额的明星代言费，而自家董事长亲自出马，这笔钱就明显节省了。从这个角度看，董小姐当然愿意亲力亲为，“抛头露面”，把自己搬到台前了。

让粉丝来当企业的“代言人”

前面说过，企业通常会寻找明星来当代言人，利用明星的号召力和影响力加大用户对品牌的关注度。除了明星代言人，品牌的创始人或 CEO 会因为更热爱品牌、更有说服力，所以亲自为品牌代言的现象也变得屡见不鲜。在今天的粉丝经济时代，粉丝的重要性越来越明显，社群营销越来越盛行，企业代言人的身份也越来越多，不少创业者已经开始尝试，让粉丝来当企业的“代言人”。

如何让粉丝当“代言人”

与明星代言相比，用户通常会更加相信身边的朋友推荐的产品，因为对朋友会有信任感，相信朋友一定是亲身体验过后才会推荐的。而明星大多没有亲自体验过产品，只是为了完成任务而代言。企业可以适当地运用这种思路，让粉丝充当企业的“代言人”。

王先生经营了一家西餐厅，环境优雅，餐品种类繁多，且味道不错，吸引了不少顾客光顾。很多顾客在获得不错的体验后成为了回头客，并且会介绍给身边的朋友。王先生发现这样的推广方式效果非常好，于是索性在微信公众号上发起一项活动：只要顾客关注并转发西餐厅公众号，并配上自己不少于 30 字的体验文字，就可以获得一定金额的代金券。这个活动吸引了不少粉丝参加，有了代金券，他们到店里来消费的次数也更加频繁了。后来，王先生在微信上建立了粉丝群，定期在群里发布新品照片，鼓励粉丝多提建议意见，并且定期组织免费试吃活动。例如，近期推出的一个活动是：根据粉丝到店消费金额、推荐朋友入群人数以及转发微信获得的喜欢个数等，对粉丝综合评定，最终选出两名粉丝，可以享受西餐厅中一系列的优惠活动和丰厚奖品。活动引发了广大粉丝的热情参与，王先生的粉丝群越来越壮大，西餐厅的客流量越来越大。

其实，类似这样的方式，就是让粉丝充当“代言人”。通过培养粉丝，扩大粉丝社群，加大粉丝凝聚力，让粉丝帮企业推广的方式，去获得更多的关注和支持。

关于“代言人分销系统”

讲到粉丝“代言人”这个话题，自然联想到前段时间微信朋友圈中十分火爆的“小黑裙分销模式”。这种方式，其实也是另外一种让粉丝充当“代言人”的形式。

奢瑞小黑裙利用微信平台，采取“DC+O2O+移动互联网+小黑裙文化”的创新分销模式，裙子从制衣厂出来可以直接到消费者手中，省去了所有中间环节，可以让利给消费者，采取分化的返利政策，让消费者、经营者都能获利。具体来说，假设A是第一个购买小黑裙的消费者，她在消费结束之后，就会得到一个属于自己的二维码，然后化身一级小黑裙“代言人”，此时她的使命就是去为小黑裙做宣传推广。只要有人成功被其营销，通过扫描她的二维码去购买小黑裙，那么A就能获得相应比例的返现。同样道理，这个购买的人也会获得一个二维码，成为二级代言人；她通过推广，又可以发展三级代言人。而三级代言人在消费的时候，上面两级的代言人还可以获得一定的奖励。以此类推，形成一个规律而强大的分销系统。

这种让粉丝充当“代言人”的方式，既可以节省中间环节的成本，又可以以较快的速度发展粉丝社群。而形成系统后分销模式，更像是一个社群活动，让粉丝在推广中获利，在获利中提高对品牌的归属感。

有了小黑裙这个成功的案例后，不少企业和品牌都开始逐渐愿意尝试这种“代言人分销模式”。近期，一个名为“蓝珀之心”的多米尼加蓝珀珠宝品牌也玩起了这种模式，在微信朋友圈中又掀起了一波狂欢。

珠宝与服装相比，价格要贵上很多倍。小黑裙的粉丝“代言人”，在分销模式中可以获取一定的利益，但是肯定没有珠宝获取的多。因此，参与“蓝珀之心”的“代言人分析模式”的粉丝数量要比小黑裙的更多，且热情度更高。“蓝珀之心”通过自媒体和网络平台将产品直接面向受众，然后再将节省下来的渠道成本通过这种模式分享给粉丝，让粉丝不仅是消费者，而且成为品牌的“主人”。这种方式，或许会成为粉丝经济的发展趋势。

让粉丝当“代言人”要注意些什么

回到我们的话题，既然让粉丝当企业和品牌的“代言人”拥有众多的好处，那么企业在操作的过程中需要注意些什么呢？

1. 铁杆粉丝更适合当“代言人”。在“代言人”的人选方面，企业需考虑到，铁杆粉丝是相对长期且忠实的粉丝，会更愿意接受这样“委以重任”的方式，且会更加不遗余力地为企业宣传和推广。同时，当“代言人”也会为粉丝带来一定的好处，让铁杆粉丝优先得益也是企业对于他们的支持给予回馈的一种方式。

2. “代言活动”要注意内容与形式的有机结合。“代言活动”的内容要足够优质和积极向上，且参与方式简单易操作，才能吸引更多的粉丝和普通用户的积极参与。同时，活动形式要丰富多样，具备一定的娱乐性质，也就是要好玩，这样粉丝才会感兴趣，才会更加投入。

3. 要设置诱人的奖励机制。其实说白了，除了铁杆粉丝会因为忠诚于品牌而积极参与活动外，其他一般用户参与的热情度实际上是与奖品的丰厚程度息息相关的。只有丰富的奖品才能够调动粉丝的积极性，同时也能提高粉丝的归属感。

好的品牌，小而美，精而巧

与“小而美”相对的，是“大而全”。中国人对于“大”似乎有着一种与生俱来的特殊情结。买房喜欢面积大的，买车喜欢大型车或SUV，吃饭要到“大饭店”，住宿要去“大酒店”，就连央视每年的春节联欢晚会，也致力于给全国观众一场视觉大盛宴，等等。

对于企业和品牌来说，中国人的要求也是越大越好。提到传统企业，人们必然会想起海尔、格力、娃哈哈等这些大企业；而提到互联网企业，人们首先会想到“三巨头”——腾讯、百度、阿里巴巴。其实这也是人之常情，任何企业和品牌都想要做大做强。但是，如果没有任何基础，只追求一个“大”字，那恐怕只能是空谈。2009年，马云在亚太经合组织峰会上发表了《未来世界，因小而美》的演讲，提出“‘小而美’是未来电子商务的方向”，从而引发了不少企业和产品人对于“小而美”的思考和实践。那么，到底什么是“小而美”？企业要符合怎样的要求才为之“小而美”呢？

“小”不是市场小，而是精准定位、细分人群

谈到粉丝经济，大家自然而然就会觉得：粉丝越多越好。而为了吸引更多的粉丝，很多企业和品牌会理所当然地认为，产品的受众越多，市场才会越大，因而会倾向于设计生产出符合大众口味的产品。但是，大家往往容易忽略的是：用户都有其品味和个性需求，品牌若想要满足大众口味就容易失去个性和特点，且“大而全”往往还意味着不够专注。

从苹果到小米，再到罗辑思维，这些把粉丝经济玩得风生水起的品牌，所拥有的粉丝群体都极具忠诚度和粘性，是消费的主力军。可是相对于整个市场而言，这些品牌的粉丝数量并不占绝对优势。举个例子，全球智能手机数量已超过20亿，而苹果手机的用户数量不过四五个亿，绝大多数的手机用户依然选择安卓，可这并不会影响苹果品牌良好的口碑和销量。苹果之所以可以做到这一点，就是因为其能够做到用户定位精准，细分人群。

苹果所针对的用户群就是“对高科技有好感有追求的人”。正是因为其定位精准，所以苹果始终专注于科技的不断更新和进步。从重力感应、指纹锁定、Siri智能语音系统，再到iPhone7系列的压感Home键技术，苹果在科技感上可谓呈现得淋漓尽致，高科技使得“果粉”们赞不绝口，对苹果品牌更加“忠心耿耿”。

“美”是细节精美，让用户心生欢喜和感动

追求“大而全”的产品，往往会把重点放在功能齐全上，而忽略细节的打磨。而如今用户的要求越来越高，眼光也越来越“犀利”，细节处理得好不好，用户都会心中有数。细节精美的产品，会让用户获得更好的体验，甚至有时候会以此打动用户。

支付宝钱包拥有多项强大的功能，让我们的生活变得越来越方便。其中，在支付宝充值的功能中隐含了一个小细节，看似简单，却让用户十分惊喜。用户需要网络环境才可以登录支付宝为手机充值，而如果手机因为欠费而停机，则无法上网，这时如果身处的环境又没有无线WI-FI的话，充值就成了问题。支付宝考虑到这一点，设置了一个“永不停机”功能。很简单，用户只需要绑定一个手机号码，并设置当话费低于一定的金额时自动充值，就可以避免停机且无网络造成无法充值的问题了。这个小细节充满了人文主义关怀，解决了用户的小困扰，获得了用户大大的点赞。

微信能够如此深入人心，除了其功能强大外，也离不开它精美的细节

处理。比如，“置顶”的细节设计，用户可以把与自己较常联络的人设置为“置顶聊天”。这样，与他的对话框就会一直出现在微信的最顶部，避免了有时候与其他人对话较多时又需要重新再找这位常用联络人的麻烦。又如，“消息免打扰”的功能，微信方便了人们的生活，也扩大了人们的交际圈子，所以不少用户的微信通讯录中会有数百数千个联络人，也加入了不少的微信群。这些人或微信群，有时候会造成一定程度的叨扰。微信贴心地添加了“消息免打扰”的功能，用户设置后，就可以免去这一部分烦忧，而且让对方“神不知鬼不觉”。

“美”是给用户带去极致体验

当世界经济从传统的销售模式逐渐过渡为网络时代的销售模式时，用户的话语权越来越大。如今，用户消费已经从“买产品”逐渐蔓延和过渡到“买感觉”，也就是，用户体验越来越重要。产品能否获得用户青睐，很大一部分，就看产品能否给用户带去极致体验。

“美颜相机”是由美图秀秀团队倾力打造的一款自拍软件，它专为爱美爱自拍的人士设计，其自动美肌和智能美颜的功能，颠覆了以往普通相机的拍照效果。用户下载了这款 APP 后，无需使用自拍神器，也无需额外修图，咔嚓一声，就可以在瞬间获得明眸大眼、磨皮美白、祛斑祛痘等美容效果。除此以外，用户还可以根据自身需求量身定做，让自拍效果更符合预期。这样一款产品，定位精准，专注自拍，且真正让用户获得了“一秒变美”的极致体验，就符合了“小而美”的要求。

不要高冷范，用真性情“发声”

为什么不要“高冷范”？我们不妨简单回顾一下美国知名零食品牌Skittes的案例。Skittles在与粉丝的互动中，由于没有及时处理好粉丝的反馈和声音，摆出了一副"高冷范"，导致粉丝们一致的愤怒和声讨，最终也因此失去了一大部分粉丝。通过这个案例，我们不难看出，在粉丝经济时代，品牌如果总是以"高冷范"示人，会给粉丝带来非常差的交流体验，最终会导致品牌形象眼中受损。

品牌与粉丝，是平等的关系

那么，当今中国时代，品牌与粉丝之间是平等的关系，为什么这样说呢?

1. 互联网时代，粉丝有各种发声的渠道。在过去的商业时代，品牌与粉丝的交流和互动是非常缺乏，特别是直接的交流，更是少之又少。品牌偶尔的粉丝活动，能够参与的粉丝也需要层层的筛选和审核，一般人很难参与。所以，在过去，品牌让粉丝觉得其“高高在上”。而如今，由于互联网的不断发展、新媒体的日渐发达，特别是在今天这个人人都能成为“自媒体”的时代，粉丝们已经有了各种渠道可以发出自己的声音。粉丝们只需要通过微博、微信等网络社交平台，轻松表达自己的品牌产品的看法和意见。

2. 粉丝经济时代，以粉丝为中心。粉丝的数量和质量是决定一个品牌成败的关键，有粉丝的品牌才能得以长期健康发展，没有粉丝的品牌终将被市场淘汰。在这个“粉丝为王”的市场中，品牌要让粉丝说出他们的需求和建议，然后围绕着粉丝来做产品，通过不断地满足粉丝的需求，抓住并击中粉丝的“痛点”，创造良好的使用体验，来获得粉丝的支持。

3. 粉丝渴望参与到品牌的活动中来。有人把当今的时代称为“我”时代，因为进入移动互联网时代后，人们更加喜欢“以自我为中心”的表达方式，而这种心理部分体现在参与感中。粉丝渴望参与到品牌的设计、推广或是各种粉丝活动中来，以说出自己的想法和建议，并希望自己的想法可以被品牌采纳，从而获得成就感。

4. 增加粉丝社群的粘性。这种粘性体现于：粉丝一旦遭到品牌不公平的待遇，就会很快地在社群中传播，而粉丝之间往往有一种同情的心理。此时，这种心理会促使粉丝之间的粘性加大，也就是说，其他粉丝也会纷纷替这位“受委屈”的粉丝鸣不平。一旦粉丝的声音不是以个体而是以集体的声音发出，对品牌造成的冲击力就会比较大了。

“高冷范”已行不通，真性情才是王道

由于品牌与粉丝的关系，已逐渐走向平等；而在粉丝经济时代，粉丝的重要性也一再被提高。所以，品牌过去的“高冷”气质已不符合这个时代的大环境了。那么，品牌该以一种怎样的姿态来面对粉丝，从而更好地发展壮大粉丝社群呢？

1. 及时回答粉丝的疑惑，第一时间解决粉丝的诉求。在移动互联网时代，人们最大的感觉就是快——信息的传播速度非常迅捷，消息通过网络不胫而走。粉丝一旦通过网络平台发出声音，将会以“迅雷不及掩耳”的速度传播开去。因此，品牌面对这种情况只能采取的策略是——及时，也

就是第一时间给予反应。同时，移动互联网使得信息大多呈现碎片化，不少网络资讯断章取义，容易让人粉丝产生误解，品牌只有不断提高警惕，及时处理粉丝的声音，第一时间解决粉丝的诉求，才能“迎难而上”。

2. 面对危机，巧妙化解。在面对网络危机时，品牌不仅要抛弃“高冷范”，及时对粉丝做出回应，有时也要学会运用一定的技巧，将危机巧妙化解。

微软于 2014 年推出的虚拟智能机器人——小冰，在微博上一经推出便受到了广大粉丝的热烈欢迎。这个“小姑娘”成为了广大普通社交网络用户的亲密朋友，她最擅长的是陪聊甚至吐槽。如果你发给她的自拍形象欠佳，她可能会“哈哈大笑”，说你的发型太雷。类似这些富有个性和情感的对话，是小冰这款虚拟人工智能产品的独到之处。然而，这样一款讨人喜欢的产品也有过网络危机，在与用户进行亲密互动的时候，不少粉丝指责她“乱说脏话”，于是有粉丝提出让新浪微博管理方对进行封锁。

面对粉丝这样的声音，微软没有过多地“辩解”，而是迅速将其下架，并且研发出第二代产品。升级后的小冰对用户们说了一句可爱的话语：“好累啊，睡醒了。”以宣布她再次归来。这样的处理方式则非常巧妙，没有做太多的技术解释，而是以实际行动来化解危机。如今，小冰已进化到了第三代，凭借着她的贴心和可爱，获得了更多粉丝的支持。

3. 面对网络上的漫骂，品牌要理智应对。不可否认，随着互联网的不断发展，网络的其中另外一个弊端也逐渐显现出来——言论自由度越大，网络“喷子”越多。有的时候，一些粉丝会受到网络上只言片语的刺激，表现出对品牌强烈的敌意，并且“煽动”粉丝社群的其他成员一起对品牌进行攻击。面对粉丝的“无理取闹”，如果品牌与粉丝争吵，那绝不是正确的选择。就如，雀巢咖啡曾经因为在社交网站上对网友不恰当的回复，导致品牌形象大大受损。且不谈事情的来龙去脉，谁是谁非，品牌在面对网络上的声音，最好都不要采取“还击”的策略。正确的做法是，当粉丝“任性”的时候，品牌要表现出最大的冷静和理智，以宽广的胸怀去包容和理解粉丝。同时，根据粉丝提出的批评，做出有针对性的反馈，并且通过一定的奖励机制，去鼓励粉丝发出内心的声音。

卖的是情怀，不是产品

2013 年，罗永浩以一个老师的身份闯荡手机“江湖”，表示要做全球第二好用的手机——锤子手机。他说，他不想赶超苹果，只想紧跟苹果。一个普通的教师到底凭借什么获得大量关注的眼球？就凭他那一句掷地有声的话：“我不在乎输赢，我就是认真。”这一份认真打动了粉丝，以至于有人在网上吐槽这款手机的时候，他的粉丝愿意为他摇旗呐喊：“你只需要负责认真，其他的我们负责。”

这就是情怀，认真专注的情怀。正是这一份情怀，让锤子手机走进了人们的视线，并且出现了让大家惊叹不已的事情——锤子手机在尚未问世之前，就通过预订的方式卖出了 22 万部。锤子手机这款情怀产品的成功案例，让人们看到了一点：拥有情怀的产品，拥有很大的红利。

有情怀的产品是有故事的

故事总是吸引人的，而好的产品是懂得“讲故事”的。这话怎么理解呢？每个产品背后都有故事，产品就像是创始人和受众沟通的桥梁，创始人可以借助产品之“口”来传达产品背后的故事。引人入胜的产品故事，能够成为产品的加分项。

“李宁”是中国“体操王子”李宁先生于 1990 年创立的一个体育用品品牌。起初，李宁以成功体育运动员的身份进入商界，凭借着他个人的名气帮助企业进入了市场。然而，在快速的成长后，很快便卷入了激烈的竞争中。强势的国际品牌试图挤掉这个在他们看来不怎么起眼的本土品牌，同时，国内的其他资本也在逐渐进入体育用品行业。在这样的经营困境下，李宁先生始终保持着清晰的思路：体育用品的市场，来源于体育事业的盛大。于是，李宁品牌毅然进入了体育营销领域，通过赞助奥运走出国门。1992 年巴塞罗那奥运会，李宁品牌被选为中国体育代表团专用领奖装备的提供商，从此终于结束了中国运动员在奥运会上穿着国外体育品牌服装的尴尬历史。此后，李宁成为了每一届奥运会中国体育代表团的赞助商。当李宁品牌逐渐发展和强大，在国际体育用品市场占有一席之地时，中国人心中对国外品牌的“偏爱”心理才开始逐渐消退。

在后来的雅典奥运会，李宁发生了两件事让粉丝印象深刻：一是通过制作以各项目冠军运动员比赛前的心脏跳动为焦点，且具视觉、听觉冲击力的广告，获得了观众的一致好评；二是在男篮赛场上，西班牙男篮队员身着中国李宁品牌的专业篮球装备登场。这意味着，代表我们民族的体育服饰已经走向了国际市场。

今天的李宁，通过了 20 多年的摸索，已经逐步成为代表中国的、国际领先的运动品牌。而这个品牌，除了产品本身的使用价值外，更是凭借着它背后的故事，让每一个中国人热泪盈眶。这样的品牌产品，就是拥有情怀的。

有情怀的产品是有温度和情感的

锤子手机被加入了“认真”的情怀后，它就不仅仅是一个通讯工具，而是一种象征着认真的、励志的、有温度的存在。有情怀的产品，不再是冷冰冰的死物，而是热乎乎的生命力和活力的存在，用户可以感受它的温度和情感。

黄太吉煎饼有一个小故事流传得非常广泛。有一次，顾客要求送货，要求快速送达，而此时负责送货的店员因为一些突发意外不能送货。这时候美丽的老板娘为了不耽误顾客，开着自己的奔驰车登场了——为了满足顾客的一个要求，老板娘亲自开着豪车送外卖。有人会说这是一个自嘲式的故事。奔驰车送货的油耗都远比一份煎饼的利润来得高了，老板娘竟连这样的生意也愿意做。但老板娘确实送过去了，最后也成了话题。这恰好反映了黄太吉的情怀：为了顾客的满意，不惜一切代价。这样的煎饼即便因为送货路途遥远，送到顾客手里时可能已经变凉，但顾客依旧会因为这一份情怀而感受到煎饼热乎乎的温度，更会因为老板娘认真负责的态度而深受感动。

“意构”是国内一个睡眠护理品牌。品牌的名气也许不是特别大，可是相信有不少睡眠质量差的朋友一定使用过它的产品，或者至少听说过。它专注于设计生产眼罩、耳塞等睡眠护理用品，帮助了不少失眠人士克服了影响睡眠的光线、噪音等外部原因。十年前，“意构”的创始人老卢看到那会儿的睡眠护理产品十分粗糙简陋，无法真正地帮助失眠诗人解除烦忧。好身体与好睡眠息息相关，老卢本着“让所有人睡得更好”的初衷，不断地探索、寻找、研发、改进再改进。这个过程非常困难，因条件有限，屡战屡败，但老卢始终没有放弃，带着他的团队不断尝试，精益求精，终于有了今天这款防噪功能极佳的耳塞和舒适不压迫的3D立体眼罩。老卢的这份初衷和毅力，赋予了“意构”这个品牌热乎乎的温度，它不仅仅是个品牌，更是老卢的生活态度的主张、真诚善良的体现，这些才是切切实实吸引和感动用户的。

先做忠诚度，再做知名度

对于一个品牌来说，知名度非常重要。品牌知名度高，潜在消费者就相对较多，用户对产品的信任度也较高。比如，苹果具有极高的知名度，不少用户在选择电子产品时，都会优先考虑苹果产品，因为其产品质量佳、性能好。所以，打造品牌的知名度对于提高品牌产品的市场占有率，是至关重要的。

通常来说，传统行业的品牌打造路径是：先提升品牌的知名度，再提高品牌产品的美誉度，最后是维护用户的忠诚度。选择这个路径，是按部就班、小心稳妥的做法。而如今互联网的出现，使得商业模式和用户的消费需求等发生了变化，互联网行业打造品牌的路径也相应发生了变化：先做忠诚度，再做知名度。这就带来了一个问题：这样反其道而行的做法有什么好处呢？要解决这个问题，可以先寻找下面几个问题的答案。

为什么要从用户的忠诚度入手？

也许在很多人固有的思维模式中，一款新产品上线后，第一时间就是做广告、做推广，这种模式在传统行业中尤为常见。等产品积累了一定数量的用户群之后，就会想方设法去提高用户的忠诚度。这种方法是可行的，但是对于没有足够推广预算和推广渠道的企业而言，可能就不太合适了。在这种情况下，可以转变思维方式，先从一部分种子用户入手，从培养用户忠诚度做起。为什么可以这样做呢？

1. 刚上线的产品也许不尽完善，种子用户可以帮助完善产品。新产品不可能尽善尽美，需要通过不断地更新迭代才能一步步满足用户的需求。如果在刚上线的时候，能够培养一批帮你找问题的种子用户，不断地找产品问题和不足，就可以更好地解决问题，提高产品的使用体验，为产品的快速更迭赢得最佳时机。很多品牌甚至在产品未上线之前就会采取邀请制的方式来与粉丝直接互动。在产品未上线之前，就邀请一批粉丝来试用和内测，待发现问题并完善问题之后，产品才会正式上线。

2. 把它当作低成本的推广宣传机会。很多情况下，一些品牌并没有过多的资金和资源对产品进行推广，此时致力于将一小部分的用户作为营销重点，是一种切实有效的方法。因为种子用户的寻找和邀请几乎是建立在相互交流、对产品已产生一定程度的认同感的基础上的，并不会花费太多的资金。

3. 积攒口碑，让粉丝推广出去。有了第一批种子用户以后，除了日常的互动，还要不断地通过完善产品、提升用户体验来满足他们的需求。我们知道，粉丝是品牌真正的打造者。当我们维护好这批粉丝之后，就可以让粉丝充当品牌的“代言人”，将产品推广至身边的人，借助口碑效应，不断地提高推广效果。小米论坛积累的6000万粉丝，就是从一开始的100个种子用户演变而来的，他们见证了小米手机的成长，也为了小米的成功做出了不可或缺的重要贡献。由此可见，用户传播的影响力有多么强大，病毒式传播的效应多么强大。

如何寻找第一批种子用户

既然可以从种子用户入手来培养用户的忠诚度，那么，现在的关键就是如何寻找这第一批种子用户了。上哪儿找呢？种子用户都是什么样的呢？

1. 对产品具有较高认同感的用户。上面提过，在寻找和确定种子用户之前，需要通过相互充分的交流。在交流的过程中，我们就可以有目的地去寻找这类人：对产品或服务的认同感较高，即使产品在一开始有某些缺陷，他们也依旧认可。因为有了认可以后，他们就会有一种情感驱动力，这可以让他们在试用和测试产品时愿意说出自己的真实感受，提出他们宝贵的意见和建议，同时也在为以后的口碑传播做好铺垫。

2. 经常主动反馈的用户。种子用户会经常把自己的使用心得反馈给企业，无论是好的方面还是坏的方面。对于坏的信息，要格外珍惜，可以就此做出调整和完善，使产品不断趋于完善；对于好的信息，可以做出优化和加强。

3. 一些热衷于分享的活跃分子。就如小米最初的 100 个种子用户一样，他们都是喜欢在各大论坛、各大社交网站上面分享和传播的活跃分子。这类用户，在分享的同时其实也是在做无形的推广和传播，为后面做口碑宣传奠定了很好的基础。

4. 某个行业的“大神”。这里所指的“大神”，就是在某个行业中有较高影响力、有卓越成绩的精英人士。这类用户，能够对产品的设计和改良提出更专业的意见，有助于产品自身的完善；同时，由于他们本身就具有一定的影响力，产品如果能借助他们的影响力来推广，就可以达到事半功倍的效果。

在培养和维护好第一批用户的忠诚度后，通过口碑效应加大品牌的推广效果，最终就可以逐步达到提高品牌知名度的目的了。

第六章 极致产品

东西有“营养”，才能培养铁杆粉

让产品品质趋于完美

试想一下，当一个普通的消费者有购物需求，且摆在他面前有多种选择时，他会根据什么作为选购的标准？也许有人会说，根据产品品牌的名气；有人会说，根据产品的价格；有人会说，根据产品的外观包装；等等。其实，品牌能够有足够大的名气，一定离不开其产品自身极佳的品质；然而如果一味追求低廉的价格而忽略了品质的打造，这样的产品也终将会被市场淘汰；产品的包装也是一个道理，如果只有精美的包装而缺乏过硬的质量，那只是“虚有其表”，经不起市场的考验。因此，品牌要想做大做强、想要获得庞大的粉丝群体支持，产品要求个性化、人格化，这一切的前提都是——产品的品质要过硬。

产品质量是品牌价值的基石

互联网时代，是一个让产品品牌、类目、款式层出不穷的时代，消费者的眼球往往会被形形色色的产品所充斥和包围。产品如何持续获得消费者的青睐，如何在市场上保持经久不衰的竞争力，就要凭借其趋于完美的品质。

“智高”是意大利的一个儿童用品品牌，它由皮特·卡特里先生于1958年创立，品牌的名字取自其大儿子的昵称，是一个可爱的意大利孩子的名字。智高产品种类齐全，从孕妇用品到婴幼儿产品，从玩具、用品到服装、童鞋，贴心地为妈妈和小朋友提供了全方位的呵护。智高产品能够做到几十年长盛不衰，离不开其极佳的品质。智高产品的生产公司与专业医院合作研究，全面考虑妈妈和宝宝日常生活的需要，在生产中使用精密度极高的技术，保证产品的实用性和有效性。同时，产品在问世之前，均经过一系列严格的检测，确保对儿童健康成长无任何伤害。智高始终坚持以专业、关爱、责任作为品牌的宗旨，致力于为儿童的各个成长阶段打造最优质安全的产品。畅销多年的智高产品，如今市场已覆盖全球 50 多个国家，其于欧洲的儿童用品市场的占用率高达 70% 以上。

“雅兰”于 1966 年成立于香港，是一个以生产销售优质床垫、床上用品等的家居用品品牌。50 年来，雅兰始终本着“品质第一，弘扬名牌，科技兴业，共创未来”的经营方针和理念，致力于为人们提供最优质舒适安全的产品，为消费者们提供最佳的睡眠体验，专心致志地设计、生产各种品质超凡的床上家居用品，深受消费者的喜爱，享誉中国、东南亚及欧美各地区。早在 1982 年，雅兰就已经荣获了香港工业总会办法的品质标志证书，是同行业第一家获此殊荣的企业，此后更是陆续取得了超级品牌、国家免检品牌、中国驰名商标等殊荣，成绩斐然。而能够获得如此傲人的成绩，始终离不开其品质的超凡。

以趋于完美的品质获得良好的口碑

曾经见过几个少妇在一个悠闲的午后享受下午茶和糕点，聊天的过程中，其中一位提到了某一款空气加湿器，在她眉飞色舞地介绍和分享过程中，其他的朋友已经了解到了购买这款加湿器的渠道和价格，并且轻松地使用手机付了款。这样的场面你一定不会感到陌生吧？她不是这款产品的推销员，只是一个普通的消费者，却在不经意间为产品推广宣传，并且成功了推销了好几台。

消费者一般是以什么方式获知某个品牌的呢？广告的宣传？不尽然！我们都知道，在粉丝经济时代，消费者以口碑的形式为品牌产品推广，要远比传统的广告宣传方式来得更快、更好。一款产品，想要获得消费者的免费推广，首先就得将普通的消费者发展为粉丝。如何做到这一点，从而顺利获得粉丝的“口口相传”呢？趋于完美的品质将会助产品一臂之力。

“好想你枣”是国内一个知名红枣食品品牌。随着人们生活品质的提高，人们对于养生逐渐有了越来越多的认识。众所周知，红枣丰富的营养对于人体的健康有着各种各样的好处，特别是其补中益气、养血安神的功能，更是被不少中医所推崇。可是，市场上的红枣类品牌众多，消费者应该如何选择呢？一般而言，如果身边的人用了觉得好，大多就会选择这个品牌。好想你枣就是这样，凭借着其过硬的品质、精湛的制作工艺，获得了消费者的认可，并且还因此获得了消费者免费的口碑式推广。

企业应首先致力于品质的打造

在经济快速发展的今天，企业间的竞争日趋激烈，质量对于一个企业而言，其重要性日益明显。产品质量的高低是决定一个企业是否具有核心竞争力的基本标准。只有不断地生产制造出质量趋于完美的产品，企业才能在市场中里站稳脚跟，获得持续的生命力。

如今我们谈互联网经济、谈粉丝思维，企业要做大做强，品牌的影响力要不断增大，粉丝是关键。然而，这一切始终围绕着一个中心点——那就是产品的品质。基于产品品质，再谈互联网和粉丝经济，才是正确的思路，否则，就只是空谈，到头来还是会因为产品质量不够好，而被粉丝和市场所抛弃。

所以，企业一定不能丢失了品质打造这一个基本点，要始终把它放在产品经营中的第一位，千方百计地提高产品品质，不断创新和超越，追求更高的目标。

更新换代，只为完善产品功能

2016年9月，苹果手机新一代产品Iphone7正式发布了，可谓是千呼万唤始出来。每年苹果新产品的发布，总会引发“果粉”们的欢呼呐喊。这一次也不例外。在Iphone7尚未发布之前，就已经有各种关于新一代苹果手机新功能的小道消息传出来了。可见，这些新功能，才是真正让“果粉”尖叫的原因。

苹果产品的每一次更新换代，总会给用户带来全新的体验。对于品牌本身，也是一次完善产品功能的契机。用户的需求随着时代的发展在不断变化，产品只有做到不断完善、更新换代，才能满足用户日益增长的诉求，从而在市场保持持续竞争力。

更新换代，不断完善产品功能

任何事物，在一开始时，总不可能是趋于完美的，只有在经过时间的打磨后，通过不断更新，才能渐渐完善。产品也一样，在一开始推出的时候，难免会有这样那样的问题，只有通过反复实践，在用户反馈中不断改进，功能才会不断完善。而这样的产品，才不会被市场所淘汰。

“简书”是一款融合写作和阅读功能为一体的APP。这里集结了广大文学创作者和爱好者，其最大的特色是支持Markdown功能，致力于为作者提供一个沉浸式的写作环境。对于读者而言，它界面简洁清新，是一个多元化的中文阅读社区。简书于2013年上线，经过了几年时间的琢磨，在更新换代中不断完善产品功能：一是在内容的运营上，经过多次调整，发展出“博客”“电子书”等由官方运营的活动，成为了简书作为内容社区的一大特色；二是所有文章列表页全部加上了图片，良好的视觉效果会更有利于吸引新用户；三是增加了“视频功能”，用户可以在文章中插入视频，阅读时同样可以打开视频观赏……这些新内容或是新功能的出现，以及未来的不断更新换代，使得简书一步一步地趋于完善。

更新换代，让产品保持新鲜感

我们去餐厅吃饭，不可能每一次都点同样的菜式，一般情况下都会每次换着来点，尝尝不同的菜式和口味。如果此时经理告诉你，本周刚推出了一款新菜式，也许很多顾客就会马上想要尝鲜。这是消费者的正常心理需求，新鲜感可以带来不一样的体验。产品也一样，一款产品如果几十年没有更新，就无法保持其新鲜感，最终会被用户所抛弃。

我们如今非常熟悉的微信，也是一款正在不断更新换代中的产品。它于 2011 年针对发布针对 Iphone 用户的 1.0 测试版，起初只支持通过 QQ 号来导入现有的联系人资料，仅有即时通讯、分享照片和更换头像等等简单的功能。而在随后发布的 1.1、1.2、1.3 测试版中，微信逐渐增加了对手机通讯录的读取、多人会话等功能。随后，又在不断更新的版本中陆续添加了附近的人、摇一摇、实时语音聊天和视频聊天等多个功能。逐渐发展到今天的微信，已经更新到了 6.3 版本，有了微信支付、微信公众号等各种功能。可见在这五年间，微信始终不忘追随时代的发展，不断地更新换代，以更好地满足用户的需求。并且，微信每一次更新换代，都能给用户带来新鲜感和惊喜，这对于微信而言，也是其生命力的不断延续。

如何做到又好又快地更新换代

更新换代，能不断地完善产品功能，满足用户日渐增长的需求，保持自身的新鲜感和生命力，从而在市场中保持竞争力。了解到更新换代的这些好处后，企业就该思考，应该如何做到又好又快地更新换代。

1. 采用多功能化策略。以一种产品为基础，把其他的功能叠加在上面。也就是说，把市场上不同产品的功能融合起来，创造出一个集多功能于一身的更为完善的产品。比如微信，它不仅是一个即时通讯软件，而且还在更新换代中融入了例如支付、出行、购物、游戏等多个功能，成为了“一个生活方式”。

2. 针对缺点不断完善。产品总有各种各样的缺点，企业要针对产品的缺点，去找出解决的方法，从而生产出更完善的产品。比如，日本人鬼冢八即，在 20 世纪 50 年代的时候，发现了当时篮球鞋的缺点是容易打滑，影响投球的准确性。经过他反复多次的思考和实验，他将篮球鞋的鞋底从平底改为凹底。新一代的篮球鞋克服了之前的缺点，大获成功。

3. 根据用户反馈不断完善。产品的最终受众是用户，用户用得称心如意，才是产品人的最终目标。所以，产品人应该鼓励用户多发出自己的声音，多提供意见建议以促进产品的完善。有些时候，用户在使用产品过程中会有更好的小发明、小创意，这些都是值得产品人在完善产品的过程中借鉴的。

4. 是采用参考同类产品的策略。如果实在没有开拓性的想法和创意，参考同类产品的功能设计也是一种可以尝试的做法。这就要求企业及时掌握同行业的研究动向和最新成果，同时自身也要有一定的创新和改进的方法，不能一味地仿制，而是要在参考的同时加以改进和完善，设计出具有自身特色的产品。

靠产品的细节打动粉丝

在过去的观念中，企业往往会把重心放在产品的主体功能上，因为他们认为产品的主体功能才是最重要的，而细节的设计处理只是锦上添花的一笔，能添上固然好，不能也没有关系。而随着互联网经济的不断发展，用户的观念从过去的关注产品本身已经逐渐转变为关注自己的体验。因此，细节的重要性提高了。设计和处理好细节，能使用户在不经意间收获惊喜和感动，获得更佳的体验。

哪些细节能有效打动粉丝

产品细节处理得好，可以提高产品的实用效率、优化用户的使用体验。并且，正是因为这些优秀的细节处理，让产品有了温度和人情味。

Iphone 手机接听电话时两种不同的显示状态：在使用状态下，Iphone 接听电话显示的是按钮；在锁屏状态下，Iphone 接听电话显示的是滑动。这两种设计的区别在于：前者可以选择拒接，后者则不能直接拒绝。

这个细节设计的妙处就在于：其一，用户的手机在使用状态时，使用按钮接听更方便；在锁屏状态下，使用按钮接听则会造成误操作；其二，手机在使用状态下，拒接的按钮是需要的。例如用户在使用手机的过程中，突然有个电话进来不方便接，可以直接按“拒绝”，回到之前的使用状态来。而在锁屏状态下，来了一个电话，则可以滑动按钮接听，也可以按两下锁屏键（拒接）或者不做操作。这个细节非常贴心，是充分考虑到用户实际使用时候的习惯，从而将操作失误的可能性降到最低。

Iphone 还有一些可爱又体贴的细节设计。比如，在任何对话框中输入内容后，可以通过“摇一摇”，可以删除之前输入的内容，再“摇一摇”又可以撤销删除。这个设计非常好用，用户输入一段文本之后，如果不满意内容马上可以摇一摇全部撤销，不需要一个个去删除，再摇一摇又可以撤销删除。又如，在苹果系统的控制中心，开启和关闭电筒的时候，按钮会跟随开关而变化。开启手电筒时，图标中的手电筒“按钮”会往上推，关闭时则往下推。这个动作就就模拟了手电筒实物的状态，俏皮可爱，让用户感觉新奇。

微信中不少细节也处理得非常好。除了之前提过的点开微信聊天界面的“+”标志，会提示“你可能要发送的照片”，免去用户打开相册选择的麻烦外，还有不少其他的细节。比如，微信聊天时，如果收到对方多条语音信息，在用户点击第一条收听之后，会自动播放下一条语音。这个设计无形中帮用户省了很多麻烦，如果语音信息很多的话，就不需要每一条都点击。又如，“撤回”的功能让用户避免了不少尴尬。比如不小心发错信息或者发了信息之后突然就后悔，针对用户这样的心理，增加了这个设计。

产品人如何养成“细节意识”

何为“细节意识”？则要求企业转变以往的观念，把重心从产品的主题功能逐步蔓延扩散到产品的细节中来，提高对于细节的关注。

1. 站在用户的角度思考。产品人以固有的思维去看待自己设计的产品，必然是得心应手的。可是对于一个从未接触过这款产品的用户而言，它是一个全新的模样。所以，产品人要学会站在用户的角度，去思考和体验自己的产品，就是所谓“换位思考”。假设自己就是用户，在拿到一款产品时会用什么标准去衡量和判断，会从哪个角度开始观察它，会在什么地方用到它，这听上去就不容易，要实现就更不容易，需要产品人尽可能摆脱自己的思维定势。

2. 让自己变得挑剔而敏感。也就是说，尽量给自己的产品找茬。这就要求产品人在日常生活中就养成这样的习惯，捕捉生活中让你觉得不舒服或者不愉快的小细节，让自己变得“苛刻”起来。其实，“挑剔”也是一种本领，有“挑剔”才会有改进。当一个产品人已经习惯了挑剔，那么对自己的产品，特别是在细节的处理上，就会设定一个较高的要求，并且按照这个要求严格去执行。

3. 善于观察，捕捉优秀的细节处理。在已有的产品中，有不少细节处理是非常巧妙而贴心的，值得产品人学习和借鉴。产品人需要提高对于细节的敏感度。也就是说，当你接触一款产品的时候，要养成习惯，下意识地去挖掘它的细节处理。这样的“捕捉”工作，能够有效提高产品人对于细节的关注度。而且，其他产品的优秀的细节处理，也具有极好的参考价值。

4. 反复的测试。粉丝作为产品的忠实用户，往往会更愿意说出自己的诉求和参与产品的设计制造。企业可以让粉丝成为产品的首批体验者，优先体验新产品的功能，同时也是在给产品做测试。通过观察粉丝体验的过程，充分地与粉丝进行沟通，了解他们的想法和诉求，听取他们的意见和建议，然后在此基础上对产品进行改良。这样的测试可以开展多次。好的产品，都是通过不断测试和改良才正式问世的。

5. 总结归纳。通过日常性的总结归纳，可以及时发现产品的不足，总结经验教训；也可以了解产品人自身的长处和短板，以更好地发扬或改进。一款好的产品，不可能是一蹴而就的。一个出色的产品人亦如是，总结归纳有助于更好地提高自我。

简洁是美：少则得，多则惑

不知道大家发现了没有，现代人多了一个“矫情”的病，叫作“选择困难症”。这个病症有各种表现，比如：到餐厅吃饭，看到菜单上那么多菜品可以选择，反而会因为不知道该吃什么而发愁；到商场买东西，同类产品的款式那么多，比来比去，最终很难决定买哪个；打开电子产品，功能那么多，反而不知道自己该用它来做什么。

为什么会有这种毛病呢？就是因为随着经济的不断发展，整个世界充斥着一个“多”字：产品多、款式多、选择多、功能多。然而，“多”就一定好吗？

老子说：“少则得，多则惑。”少意味着简单，让人头脑清晰；多意味着复杂，让人困惑烦忧。其实，产品也是一样。简洁的产品能让用户一眼就看到它的核心精华，复杂的产品反而有时候会因为功能太多让用户无所适从。

产品的发展路径：从简单到复杂，再回归简单

每一款产品在第一代的时候，都是非常简单的，因为产品人的思路有限，市场上还没有出现同类产品与其竞争，也没有用户信息反馈等等，所以那时候的产品基本上都是功能单一、外观单调的。可随着时代的不断发展，用户的需求不断更新，产品为了适应时代的发展，也在不断地更新换代，促进自我完善。渐渐地，产品就变得复杂了，功能越来越多，越来越杂。这个过程会一直持续到过多的功能使用户超负荷，用户终于受不了了，于是产品又回归简单。

打开百度搜索的页面，用户会体会到那种简洁的美：整个界面都是洁白的，除了百度的logo，就只有一个输入框。这样的设计，首先用户在感官上就获得了清爽的体验，其次也清晰明了地展示了产品的核心功能，让用户一眼就能读懂，毫不费时。

苹果产品也是以简洁著称的。当人们刚开始接触苹果产品时，第一感觉大概都是：简洁好看！而当真正使用苹果产品时，又会感受到这种简单背后强大的功能。

事实也是如此，功能强大也不会影响产品的简单呈现，而“简洁”也一直被认为是苹果最为普遍的美学特点。在苹果公司中，创新意味着消除多余的元素，让产品的核心功能更能突出体现。每一款苹果产品的的畅销，都可以从中窥探出用户对于简洁的推崇和热爱。这一切，都只因创始人乔布斯对于“少”的极致追求，成就了苹果产品简约大气的特点。

简洁即是专注，以核心功能吸引用户

为什么有的产品会没有人用？其中一个原因就是产品“大而全”，产品功能太多了，五花八门，用户甚至都搞不清楚这款产品究竟是做什么的，迷茫且困惑，自然就不愿意用。有这么一个说法，一款高端的多功能产品，其中有70%的功能是用户根本用不到的。那么，与其绞尽脑汁去制造一款多功能但使用率不高的产品，不如换个思路，先专注在一个点上，把核心功能做好了，再去开发其他功能。

就如同上面所说的百度，信息检索就是它的核心功能，它将这一功能做大做强了，用户自然开口就能说出“不懂就问度娘”这样的话了。

新浪微博的核心功能是分享与交流。一打开页面，就立马可以看到用来分享的文字输入框，来自于朋友的动态和微博，这些都在首页醒目的位

置上。它尽最大的可能淡化甚至是踢除掉非核心的功能，并且可以通过搜索，让用户更快速便捷地找到想了解的博主或有关信息。这一切，都是围绕着新浪微博分享与交流这个核心，在不断地优化。

特别想要提的一点是，“微博”这个概念。它与博客不同，140 字的篇幅突出一个“微”字，这也是它简洁的一种体现。在信息纷繁的今天，人们希望越简单越好，越不费脑越好，微博将长篇大论凝练成 140 个字，正符合了现代人的预期。

适当地给产品功能做减法

在传统观念中，企业往往会陷入这样的误区：就是认为功能越多能力越强，产品的用途就更广，从而市场就会越大。可是实际上不是这样的。前面我们说过，一款多功能产品的大部分功能实际上是次要的，用户很少会用到，反而会因为过多而导致困惑。现在的观念是：好的产品需要注重的是产品深度，而不是产品的广度。要把重心放在核心功能上，并做到极致和趋于完美。要想做到这一点，就要“忍痛割爱”，给产品做减法，砍掉多余功能。

1. 专注核心功能，不断趋于完美。

好的产品在于有自己的特点，并且能够做到把这个特点放大、突出，做到主次分明、中心思想明确，才称得上是一款优质的产品。简单来说，就是专注核心功能，注重核心的深度。不要“大而全”，而要“小而美”。

2. 按照用户需求将功能排序，优先满足主要需求。

产品要围绕用户来设计和制造，而每个用户因为角色的不同对产品会有不一样的诉求和期待。因此企业要按照用户需求将功能进行排序，产品的功能要注重核心需求，然后让市场和用户去检验产品，再通过更新换代的方式去不断完善产品。

3. 给不健全、不完善的功能做减法

有些产品有不少思路不清晰、不完善的功能，这些功能不能给用户带来良好的体验，反而会因为体验不佳而使用户感到失望甚至愤怒。尽管有些时候，因为这些不太健全的功能，企业花费了不少时间和心血，但为了产品的健康良好发展，只能“忍痛割爱”，大刀阔斧做减法，才能展示出真正健全的产品。

打造一款成功的产品，一定要有自己的价值定位，切忌五花八门，没有核心主题。什么样的产品才算成功的产品，它应该是在用户想干某件事时，这个产品的名字就会第一时间从脑海里跳出来。例如，一想到团购，就会想到美团；一想到信息检索，就会打开百度；一想到手机支付，就会想到微信支付或者支付宝……

情感渗透能带来良好的体验

随着经济的发展及科技的不断进步，同样类型不同品牌的产品基本上已经可以满足用户对于产品功能方面的需求，因此企业若想在产品功能方面与其他企业拉开差距，难度较大。而随着用户对产品体验关注度的日益增大，企业可以从用户的另一需求——情感需求入手，通过满足用户的情感需求来提升用户对于产品的使用体验。这就要求产品人在产品基于质量佳、性能好的基础上，注入情感因素，以渗透的方式将产品一点一点地深入用户的内心。

引发消费者的情感共鸣

“湾仔码头”是一个知名的水饺品牌。其主打的产品水饺口味鲜美、种类繁多，广受消费者欢迎。值得一提的是，湾仔码头除了产品本身对消费者吸引外，它对于消费者的情感渗透也做得非常好。

2015 年新年前夕，湾仔码头拍摄了一部名为《妈妈喊你过年回家吃饭》的微电影。对于中国人来说，春节是最重要的传统节日，过年意味着合家团圆，而饺子又是各家各户除夕必备的食物之一，湾仔码头可以说是恰如其分地抓住了消费者的心理。影片的名字，会让人不禁联想起自己的母亲和少年时代每天回家吃饭的情景，从前的温馨和无忧无虑，是每个人都怀念的。特别是在外打拼的游子们，在看到这部微电影后，会引发他们对家人的思念，对父母的思念。湾仔码头把这部微电影放到微博、微信和各大视频网站上，果不其然，引发了用户数以万计的转发和评论。

影片成功引发消费者情感共鸣后，湾仔码头继续打“情感牌”，又于同年的春节前夕制作了另一部催人泪下的微电影，名为《回家的方向》。影片讲述的是在主角回家过年的路上，接到单位领导紧急召回的电话，无奈只能到家向父母说明实情，第二天赶回单位。父母亲在深夜为儿子剁馅包饺子，忙活一整夜，只想为儿子准备他最爱的食物。湾仔码头通过拍摄微电影，讲述了一个十分感人的故事，唤起了万千游子归家的心。亲情是人类最可贵的情感之一，是人类永远不会干涸的泪点，利用这一点来引发人们的情感共鸣，是最好的方式之一。

击中消费者情感中的脆弱部分

情感渗透可以从多个方面入手，除了引发粉丝情感共鸣外，还可以寻找人们情感中的脆弱部分，逐步渗透。

黄太吉是一个利用互联网思维打造全新商业模式的中式快餐品牌，它拥有一个俏皮的口号:“做一个有修养的煎饼”。对于煎饼果子这一类的常见小吃，一般难以引起消费者的特别注意。但是，如此有生命力有“修养”的煎饼，就会让消费者产生眼前一亮的感觉。产品如何做到有“修养”呢?黄太吉的“修养”体现在：在桌子的餐牌及用户的小票写上人生励志箴言，例如“这个世界其实没有梦想，只有实际行动得到的结果”等，塑造品牌励志的形象，让品牌富有人格化。这些箴言并非摆设，而是希望通过这些细节，展示黄太吉自身的品牌文化精神，同时激励每一位消费者积极努力面对人生。

激发消费者潜在的情感需求

人类的情感是丰富多彩的，有些表露无遗，有些则较为内敛和隐藏，不易被发现。对于这种内敛的情感，我们称之为潜在的情感需求。既然是潜在的，则就有机会被激发出来。聪明的商家在获知这一点后，情感渗透是会特别指向用户潜在的这部分需求。

苹果产品凭借它简洁的外观设计、优秀的性能、良好的使用体验，得到了广大用户的欢迎。从苹果产品的市场占用率可知，苹果不需情感渗透，也可以获得得一大批忠实粉丝。但是，就连苹果如此成功的品牌，也不忘打“情感牌”。

2015年春节前夕，苹果在其官网上播放了一段专门面向中国用户的短片，名为《老唱片》。短片以祖孙二人的生活为背景，讲述了一段温暖动人的亲情故事。孙女在一次无意间发现了奶奶的黑胶碟唱片，从唱片中听出了奶奶对于过去美好回忆的眷恋，决定为奶奶制作一份新年礼物——使用苹果笔记本和其中的Garageband功能，将唱片中的曲子翻录，并加入了自己的吉他伴唱部分，存入苹果平板电脑中。奶奶听到了这段充满心意的曲子，格外惊喜，感动万分。这个故事非常简单，但是亲情的温暖却最能扣动人们的心。广告所选择的主题曲《永远的微笑》也是一大亮点，这首20世纪中期的老歌一下子将用户拉进了怀旧的情怀中。一个短片，融入了两种情感，苹果在激发用户情感需求上可谓是“大神级”的。

产品“粉丝价”，比促销更具魅力

促销在某种程度上来说，确实是个引人注目的词汇。每当节假日或是有特别意义的日子，商家总会借势开展各种促销活动，消费者只要看到类似于限量折扣、限期抢购、最高优惠等字眼，就会特别来劲，因为抵不住价格低廉的诱惑。然而，很多商家搞的促销活动只是打着“促销”的幌子，把产品原本的价格抬高了再放出一个与常规价格差不多的虚假“促销价”；有些则是“促销”后短期把价格抬高，过几天又恢复“促销价”……这些弄虚作假的举动，如今已被精明的消费者识破，促销活动也就逐渐失去了吸引力。那么，还有什么比促销更具魅力呢？

“粉丝价”，赋予粉丝专属权利

随着促销活动对消费者吸引力的下降，有一个全新的词汇陆续映入了人们的眼帘——“粉丝价”。什么是“粉丝价”，顾名思义，就是产品给粉丝设定的区别于一般消费者的专属价格。这样的设定，有什么意义呢？

1. 凸显品牌的个性。一般品牌产品搞的都是促销活动，“粉丝价”活动让企业明显区别于其他品牌，有助于凸显品牌的个性。从众跟风的品牌容易被淹没于品牌的茫茫大海中，只有特别的、充满个性的品牌才会被消费者注意。特别是在互联网时代，个性的重要性一再被强调，富有个性的品牌，才会更吸引粉丝。

2. 达到更好的推广效果。与促销活动一样，“粉丝价”活动也可以帮助企业宣传，甚至获得更好的推广效果。粉丝自带帮助企业推广的“天然”属性，因为出于对品牌的狂热，会希望身边有更多的人认识和喜欢上这个品牌。因此，粉丝在享受到“粉丝价”后，使命感和成就感，会促发他们形成合力，加大对于品牌的宣传推广力度。

3.“亲疏有别”，提高粉丝待遇。因为对于品牌产品的热爱、忠诚和支持，使得粉丝区别于一般的消费者，粉丝愿意为品牌产品掏腰包，愿意免费为其推广。企业自然应当“亲疏有别”地对待，提高粉丝的待遇，以“粉丝价”答谢和回馈他们。粉丝们得到如此特别的待遇后，还会产生优越于一般消费者的心理，提高对于品牌产品的忠诚度和依赖感。

4. 提高粉丝的转化率。产品“粉丝价”除了吸引了粉丝的眼球，也会引起一般消费者的注意。人都有羡慕心理，就好像明星歌友会的成员能够得到特别的待遇，其他一般歌迷会心生羡慕一样，一般消费者也同样会产生羡慕的心理，从而在无形中创造了一个话题：“如何才能成为品牌产品的粉丝，获得更加优惠的价格呢？”这就有助于吸引更多的消费者转化为粉丝，加入到粉丝社群中，参与“粉丝价”活动。

如何更好地实施“粉丝价”策略

既然“粉丝价”比促销更具吸引力，那么企业该如何实施“粉丝价”策略，使之发挥积极的意义呢？

1. 既然是“粉丝价”，就确保只有粉丝能够参与。既然称“粉丝价”，受众自然就只是粉丝群体，而不是面向所有人。比如，前段时间某个洗发水品牌试图实施“粉丝价”策略，活动打着回馈粉丝的名号，让一直支持品牌的粉丝享受更低的优惠价格。但是，活动在开展不久后，就有粉丝发现，该品牌在官方网购平台上发布的优惠价格与所谓的“粉丝价”一致，且面向大众无任何门槛。这样一来，粉丝大呼失望。这种虚假的“粉丝价”不仅无法提高粉丝忠诚度和参与度，还有可能产生“粉转路人”的反效果。

所以，企业既然要实施“粉丝价”策略，一定要公平公正，不能搞小动作，遵守“游戏规则”，粉丝才会真正信任你。

2. 有限的名额更为吸引人。为什么“限量版”这三个字能让粉丝为其欢呼呐喊？因为每个粉丝都希望自己能获得喜爱品牌的一款限量版产品，以展示自己作为粉丝的优越性。其实，限量的“粉丝价”也有类似的吸引力。品牌的粉丝或许成千上万，甚至更多。如果确保每一个粉丝都能获得“粉丝价”，固然是企业一视同仁的表现，可是，一视同仁的“粉丝价”很难达到紧张刺激的效果。这就是为什么小米手机在初期发展的时候，使用“饥饿营销”的手段。这种方法更容易让粉丝产生成就感和荣誉感。限量的“粉丝价”既可以满足大多数粉丝享受折扣的权利，又可以为产品创造更紧张的话题，引发粉丝之间更激烈的分享和讨论，达到比预期更好的效果。

3. 巧妙设定价格，让“粉丝价”更有意义。如何设定这个“粉丝价”呢？有人说，尽可能低的价格就可以了。然而，聪明的企业在价格设定方面，会经过充分的考虑和调研，让这个价格发挥出更大的意义。比如，有些品牌会推出一个“让粉丝自己定价”的活动，通过粉丝的积极参与，共同来设定一个“粉丝价”。这样的活动，既可以引发粉丝的热情参与，提高粉丝社群的粘性和凝聚力，又可以达到“粉丝价”策略发挥的效果，可谓是一举两得。有些品牌则会设定一个具有特殊纪念意义的价格，比如品牌创立的日子、粉丝社群成立的日子、第一个社群的粉丝数量等，借助这些有特殊含义的数字来设定“粉丝价”，既让活动搞得有意义，又可以借此机会向大众推广宣传，加大品牌的知名度。

做有格调的产品，让粉丝拿得出手

网络上流传着一句话："有人格，还要有'格调'，这是粉丝经济时代的最高境界。"在这个时代中，几乎每个人都讲求格调。什么是格调呢？可以理解为，是一种个性的张扬，一种对生活品质的追求，一种自我风采的展示。同样地，产品也追求格调，富有格调的产品，才能让粉丝拿得出手，从而收获更多粉丝的追捧，做到在产品的海洋中屹立不倒。那么，产品的"格调"到底体现在哪里呢？

情感化产品，更有格调

随着产品的同质化趋势越发明显和突出，产品如果仅仅满足用户对于功能方面的需求，那恐怕是没有任何格调可言的。用户只会在需要用的时候接触到它，无法形成话题，更无法对其产生依附感，这样的产品往往会有源源不断的替代品出现。而情感化产品，则更像一位懂得与用户沟通的"朋友"，能够引发用户的情感共鸣，让用户在使用过程中获得更好的体验，从而提高对它的认可度，加深对品牌的忠诚度。我们说，这类产品才是富有格调的。

在原研哉的《设计中的设计》一书中，介绍过这样一个案例：日本机场用一个圆圈和一个方块代表出境和入境的区别，形式简单易懂。但是，一个名叫佐藤雅彦的设计师把机场的出入境印章设计成了一款情感化的产品：入境章是一架向左的飞机，出境章则是一架向右的飞机。这样一来，每一架飞机就是一次旅程的记录，一个故事的记载，通过每一架小飞机，将某种温馨的情感传递在每一位旅者的心中。当工作人员把印章盖上时，这种温暖会转化为一个小小的惊喜，让旅者在心里不由自主地发出感叹声，同时也将机场的善意与好客传递了出去。这样一款充满惊喜的产品，就是富有格调的。

日本有一家非常受欢迎的拉面店，名叫“一兰拉面”。它的受欢迎，不仅因为拉面好吃，而且还因为这是一碗有“人情味”的拉面。在顾客吃完拉面并且把汤喝光后，会看到碗底上写着一行字：“您的最后一口是对我们最大的肯定。”不要小看这个简单的细节，它温柔地击中了顾客内心最柔软的部位，成为了产品与顾客之间感情传递的桥梁。这使得它不仅是一个产品，还是一个懂得感恩、富有情感的“人”。这样一款有格调的产品，就会大大提高用户对产品的好感度。

个性化产品，更有格调

为什么要一而再地谈产品的“个性”呢？芸芸众生中，每个人因为个性的不同，才成就了他或她的独一无二。产品也一样，茫茫大海中，如何走出一条不寻常的道路，靠的就是产品的“个性”。

“One · 一个”是由知名偶像作家、赛车手韩寒监制的一款文艺生活软件。这款产品一推出，下载量很快就高达数百万，这源于产品的定位和运营的思维颠覆了其他同类型的 APP。打开应用，引导界面的一句话是：“复杂的世界里，一个就够了。”它每天通过精挑细选，为用户推送一张图片、一句话、一篇文章、一个问答、一首音乐或是一部电影，简洁清新。互联网时代的海量信息早已对用户形成了过大的负担，这款产品抓住了用户这一痛点，凭借它独特的个性，有效地减轻了用户的信息压力，给予用户相对“安宁”的阅读环境。

Roseonly 是一个非常有个性的奢侈玫瑰品牌，它诞生于 2013 年 1 月 4 日，寓意“爱你一生一世”。它不是一束普通的玫瑰，而是十分有个性的玫瑰，这个性就体现于其“一生只送一人”的规则的设定，用户在注册后可以填写一个收礼人，而这个人终身不得更改。送出 Roseonly 的人，意味着其送出的不仅是一束花，而是传递给对方一生一世的承诺。Roseonly 以“信者得爱，爱是唯一”的品牌主张，成为了中国男女的奢侈定情信物品牌，可谓是相当有格调的产品了。

不一定非得是高端产品，才拥有格调

提到产品的格调，不少人会将其与奢侈品或高端产品联系在一起。的确，高端产品设计独特，做工精良，在格调上似乎拥有天然的优势。但是，有格调的产品，不一定非得是高端产品，接地气的传统品牌，也可以造就有格调的产品。

“雕爷牛腩”是中国第一家轻奢餐美食品牌。提到牛腩，一般我们会联想到街边的小快餐店，一碗热腾腾的牛腩可能只需要十来块钱。可是“雕爷牛腩”与众不同，它颠覆了一般传统小吃的营销模式，将牛腩打造成了“轻奢餐”。所谓“轻奢餐”，则在快餐之上，要求使顾客享受美味食物的同时获得良好的就餐体验。“雕爷牛腩”打着“把一种食物，探索到细致入微，雕琢出大巧大拙”的口号，不惜花重金从香港“食神”戴龙手中买断其炮制牛腩的秘方，同时选用大马士革钢锻造的刀具，用申请专利的锅具、“斐济”和“盛棠”的水，全力打造出极具格调的牛腩。

“酒窝甜品”是一个港式甜品品牌。提到酒窝，人们自然就会联想到微笑。世间最甜不过微笑，以“酒窝”来命名甜品，让人一听就已经从听觉上“尝”到了甜品的滋味了。这不是一碗普通的甜品，“酒窝甜品”十分注重食材的品质，采用新鲜的五谷和水果，现场以古法工艺精心炮制，保留原料的天然，追求食物的原汁原味，打造最正宗顶级的甜品口味。“最新、最全、最正宗”是品牌的口号，其在营销、服务等多个方面将家喻户晓的传统甜品打造成了富有格调的产品。

靠产品为粉丝贴上个性标签

知乎的粉丝，给人留下的印象是专业、知识面广、高端大气；豆瓣网的粉丝，给人留下的印象是文艺、清新、浪漫主义；陌陌的粉丝，给人留下的印象是爱交际、爱自拍、追求新鲜感；简书的粉丝，给人留下的印象是爱阅读、爱写作、爱分享……我们不难发现，这些成功打造粉丝社群的品牌，其粉丝有鲜明的个性标签。

为什么要让粉丝拥有个性标签呢？粉丝社群拥有个性鲜明突出、符合品牌的气质，有助于巩固品牌的定位，从而让人留下更深刻和鲜明的印象。品牌也可以围绕粉丝社群的个性标签，进一步进行有针对性的建设和运营，达到壮大粉丝群体的效果。例如，豆瓣网的粉丝个性是文艺和浪漫，这一个性巩固了豆瓣网的定位，也符合豆瓣网的风格特征；豆瓣网可以围绕粉丝的个性打造一系列的粉丝活动以吸引更多的粉丝，壮大粉丝社群。

品牌如何打造粉丝的个性标签

那么，该如何打造粉丝的个性标签呢？

1. 从产品的外观入手。有人说，一款好的产品不看外观只看内涵。这样的想法是不太准确的。每个人都有爱美之心，在一个普通的用户心里，一款在外观上具备美感的产品自然比较容易吸引其眼球，如此一来，产品才有机会向用户“展示”它的内涵。所以，产品首先在外观上就要实现美，让用户感受到美。每一位初次接触苹果产品的用户，都会惊叹于它的“美貌”，苹果产品能如此受欢迎，除了其性能佳、功能强以外，当然也离不开它极具美感的外观设计。

2. 从产品的核心功能入手。一款产品可以有多种功能，但必须要有一个核心功能，也就是产品主打的功能。将核心功能发挥到极致，就能够牢牢吸引有这方面需求的用户，让用户跟着品牌站队，进一步转化为粉丝。比如，美图秀秀软件拥有多种功能，拍照、修图、拼图等，但它的核心功能还是在于修图。且美图秀秀的修图功能非常强大，是其他同类型软件所不能比拟的，自然就吸引了一大波有这方面需求的用户关注了。

3. 从产品的价格入手。有一类用户追求性价比高的产品。这类用户的特点是：较多地集中于草根阶层，对于价格的触觉特别灵敏，价格低的产品容易引起他们的关注，且他们乐于向周围的人分享他们购买到的性价比高的产品。所以，品牌在推广的初期，可以考虑从产品的价格入手，以较低的价位、较高的质量去吸引这部分用户的关注。

4. 从产品的个性入手。富有个性特点的产品易于打造粉丝个性标签。例如，豆瓣的产品个性是界面简洁清新，内容文艺浪漫。如此一来，认为该产品符合自身气质的文艺青年们，自然就会聚集于豆瓣，从而形成粉丝社群了。又如，“罗辑思维”的产品个性是追求知识、积极上进，它的受众基本上也是爱读书、积极进取的青年朋友，一群价值观接近的粉丝聚集在一起，粉丝社群的标签也就成功地打造出来了。

5. 从产品的“情感”入手。罗永浩的锤子手机，卖的不是手机，而是情怀。他将自己的认真专注打造成手机附带的情感价值，让每一位粉丝在购买手机的同时，也为他励志的故事买单。“富有情怀”就成了这些粉丝的标签。所以，产品除了外观和功能以外，在推广的过程中可以考虑添加情感因素，增加产品的卖点。

如何围绕粉丝个性标签巩固品牌定位

品牌的定位和粉丝的个性标签，这二者之间，是作用与反作用的关系。品牌从产品的多个方面入手，可以打造粉丝群体形成一定的个性标签；粉丝群体形成个性标签后，也会反过来巩固品牌的个性和定位，使其越来越清晰明朗，从而有助于进一步扩大粉丝群体。那么，该如何围绕粉丝个性标签来巩固品牌定位呢?

1. 着眼于粉丝群体的个性标签，将产品做到极致。只有很少的品牌在初创期能做到定位明确，不少品牌在一开始的定位都是宽泛模糊的，这时的发展应注重广度。而当粉丝群体形成一定的个性标签后，产品的方向和定位就越来越明确了，产品可以朝着这个方向不断努力，从原先的注重广度转变为对深度的挖掘，将产品推广发挥到极致。例如，“什么值得买”通过每天向粉丝推送优惠特价的网购产品，使粉丝逐步形成了一定的个性标签——“喜爱网购、追求高性价比”。因此，当粉丝群体已经形成了这样的个性标签后,“什么值得买”就开始考虑从更多的渠道去挖掘更实惠的商品，不断将软件核心功能做大做强。所以，粉丝的个性标签的成功打造，有助于品牌进一步确定自身的定位。

2. 围绕粉丝个性标签，打造粉丝社群活动。品牌通过定期举办线上、线下的社群活动，有助于加大粉丝社群的凝聚力，提高粉丝的参与感和成就感，提高粉丝的忠诚度。但是，这样的活动该以什么为主题呢？最好的方法莫过于，从粉丝的个性标签入手。简书的头号作者彭小六，擅长输出“干货”。所谓“干货”，人们对它的定义是：实用性较强、不含虚假成分的方法和知识。彭小六在成功地打造个人品牌后，吸引了成千上万的粉丝，形成了一个具有一定规模的粉丝社群。在这个人人都有可能成为“明星”的互联网时代，要吸引粉丝不难，要维护粉丝群体才是有难度的。因此，成为“明星”后的彭小六，不忘时常维护他的粉丝社群。他的粉丝个性标签，可以概括为：热爱学习，热爱“干货”。他通过各种线上、线下的“干货”分享课，组织粉丝社群活动，不断地增加粉丝的粘性。同时，这类活动会反过来巩固他的个人品牌，吸引越来越多具有同种个性标签的粉丝，不断扩大粉丝社群。

草根心理：接地气的产品更有未来

前面我们已经提过，所谓“草根阶层”，指的是那些收入较低、购买力不高的人群，也泛指大众。虽然草根一族的单一购买能力不高，但互联网经济从某个层面上来看就是“长尾经济”，所谓“众人拾柴火焰高”，草根阶层的人数占比较大，其形成的合力也是相当大的，所以“长尾”的这一部分购买力不容小觑。

不少企业在做产品策划时，就已经将产品有针对性地分门别类，比如：高端产品的受众主要是收入较高的人群，中低端产品则主要面向收入偏低的人群，也就是我们所讲的草根阶层。那么，对于草根阶层而言，什么产品更适合他们呢？

接地气的产品，功能比外观更重要

诚然，产品的外观设计具有美感，是吸引用户眼球的第一步。可是，对于草根阶层而言，如果产品虚有其表，没有内涵，那么这款产品就像“花瓶”，只能当摆设，没有实际用处。而这样的摆设，对于讲究实际的草根阶层而言，这种摆设自然是不需要的。

草根阶层由于购买力较低，对产品的需求大多集中在功能的层面。简单来说，他们对于产品的要求，更多地在于两个词——实用、好用。只有实用的产品，才能发挥它真正的价值，才能落到实处；只有好用的产品，才能方便生活，提高效率。因此，他们对于产品外观不会有太多的要求，就算有，也是基于实用和好用之上的锦上添花。

不少手机应用的产品设计师在研发应用时，都会首先考虑这款应用的外观、界面和风格是否好看，因为他们大多认为一款好看的产品更能吸引投资者，笔者姑且把这种观点称为“先好看了再说”。也就是说，这些产品人常常会忽视产品的功能性和实用性，把重心都放在产品的外观上。

这种现象一方面应该获得认可，因为它大大肯定了视觉设计的重要性。但另一方面，很可惜“好看为先”并不是一个绝对正确的方法，如果你的产品功能不能解决需求，再好看也没有用。特别是对于草根阶层而言，这样的产品可能彻底失去了价值。

Uber 是一款创新的打车软件，从产品的外观上看，这谈不上是一款视觉革命性创新的软件，简单来说，就是不够好看。但是，它却颠覆了用户日常的出行习惯，只需一部手机，一个 APP，就能够让一辆车在几分钟内来到你面前，解决了用户日常“打车难”的问题，并大大缩减了支付所需的时间。就这个卖点，已经足够让它成为一款非常成功的软件。

Airbnb 是一个旅行房屋租赁社区软件，它解决了游客们寻找住处的问题，其成功的根本原因在于这款应用解决了刚需，发挥了应有的价值。当然了，通过后期的改良，这款软件的界面地设计得越来越好看了。

接地气的产品，价格一定要“漂亮”

这里指的价格“漂亮”，主要是指性价比高，也就是我们经常说的物美价廉。草根阶层由于普遍收入不高，在有购买需求时，着眼点自然就会集中在产品的价格上。其实，不仅是草根一族，对于一般的消费者而言，性价比高的产品，本来也容易获得青睐。并且，人们普遍会有“炫耀”的心理。这种心理表现在：他们在购买到了性价比高的产品后，会十分乐于跟身边的人分享。

说到高性价比，自然就会联想到小米手机。在如今电子产品品牌遍地皆是的时代，品牌要以何种方式来颠覆？方法有多种，比如苹果用的是体验，小米靠的则是价格。不到 2000 元的旗舰机，能做到与苹果、三星这样的“洋”品牌一样功能强大，还能给用户带来“爽”的价格体验。众所周知，品牌是有定位的，在人们选择一款商品时，高端、中端、低端三个层次泾渭分明。不同价位面对着不同的消费人群，如果想走草根路线，价格门槛必然要过。不然的话，哪怕产品的推广营销做得再成功，推销者说得再如何天花乱坠，用户在掏腰包的时候都会异常冷静和理智。不得不说，小米的低价位、强性能，对于草根阶层而言，确实是充满诱惑。它的成功在于它对于发展中国家的市场深谙不已：草根阶层人数大，对价格十分敏感。“性价比就是小米的 DNA。”小米网副总裁魏来说。

然而，衡量“性价比”的维度不止价格一项，“高性价比”是由性能、质量、价格等多个维度综合而成的。为什么人们总说“便宜没好货”，是因为这样的产品质量性能不佳，纯粹以压榨生产制造成本达到价格更低的目的，这样的低价劣质产品会被精明的消费者所识破，最终也会被市场所淘汰。因此，产品要接地气，价格固然要够“漂亮”，但绝不能以牺牲品质来换取。

极致产品：打造优质的售后服务

售后服务，顾名思义，是企业在产品出售以后为用户所提供的服务。它也许是一件产品带给用户体验的最后一环，但却不是产品与用户发生联系的终点站。相反，售后服务有着非常重要的作用，它的优劣直接能影响到用户对产品的满意程度。消费者在选购产品时，如果产品有保修、售后服务等环节，可以有效地打消消费者的顾虑，让其对产品更有信心。而优质的售后服务，可以看作是企业与用户之间的桥梁。桥梁越稳固，产品才越有机会继续获得用户的喜爱与支持。有一位成功的销售员是这样形容售后服务的重要性的："真正的销售始于售后。能真正打动客户的，往往不是产品而是售后服务，服务既能够决定产品的价值，同时又能更好地带动潜在客户。"

做好售后服务这一环

一般来说，如果用户购买了企业的产品，就可以说明消费者对企业和产品有了初步的信任和好感；如果用户成为了"回头客"，再次购买该品牌的产品，就能够说明好感度上升；如果用户把品牌产品分享推荐给身边的人，并且主动了解品牌其他产品的信息，就可以看出该用户已经逐步从一般的消费者转化为品牌的粉丝了。企业要想提高用户的信任度，提高粉丝的转化率，除了把产品做好以外，做好产品的售后服务，也是极其关键的一步。

汽车品牌别克凭借着其车型、款式、优秀的性能，深受全球消费者的青睐，成为了不少人的购车首选。然而，别克汽车除了产品优质，其售后服务也是做得相当出色的。用户在购买了“别克”的任意一款汽车后，就可以打消所有的顾虑。因为只要汽车有任何一方面的问题，都可以联系商家，从而获得别克厂家专业人士的帮助。不仅如此，别克将售后服务的范围做出了别出心裁的延伸。为了让客户更多地了解汽车的车况、更好地保护自己的爱车，别克会不定期举行全世界范围的“关怀行动”。就如 2015 年举办“别克关怀体验日”活动，其通过“专家现场教学”“参观维修车间”等更直接的方式让广大车主对爱车有更深的了解，以更专业的角度保养汽车。

说到汽车的售后服务，很容易联想起雷诺汽车“不同寻常”的售后服务方式。其售后服务，除了一般汽车品牌都设有的项目以外，还有一个特殊的环节——道路救援服务。提到“道路救援”，用户一般都会认为是交警的事情，车子出了事故，车主往往第一时间想到的就是报警，而不是联系商家。但是，雷诺汽车就在售后服务中添加了这一项目，只要客户在出事后拨打救援热线，说清楚出事故的位置，雷诺就立马会选派就近的救援人员前往。而且，该服务热线 24 小时为客户开通，其道路救援服务所涵盖的内容具体详尽，基本上包含了用户所能遇到的所有类型的麻烦，甚至走在客户的前面，连有可能发生的潜在麻烦也考虑进去了，可谓真正做到为客户排忧解难。如此贴心到位的售后服务，能够有效地提高客户对于品牌的信任度。

将免费进行到底

“免费”二字，对用户具有相当大的吸引力。因此，企业在推广产品时，为了有效提高用户对于产品的关注度，会采取“免费试用”的策略。然而，免费并不止于产品出售前的试用环节，如果在售后服务环节也能做到在免费的前提下提供最优质的服务，才能让用户真正地感受到企业和产品的诚意。

淘宝网从成立的那一天起，就打着免费的招牌。它用“免费”这个屡试不爽的策略，将电子商务推向了一个新高峰。当然，淘宝的成功不仅仅靠的是免费，还有多个方面的因素。除了在经营中细心地为用户考虑到每一环节外，在售后这一方面，淘宝也做得相当到位。淘宝将售后服务打造成与用户交流的窗口，用户可以通过售后服务中的联系客服，进入到淘宝的服务中心，输入自己的问题之后，便有专门的客服人员为用户解答问题。除此以外，用户还可以通过售后为自身维权及对不良商家进行举报，淘宝网在接到举报后，进行调查核实和根据实际情况予以处罚。

苏宁空调于 2016 年 3 月份推出空调安装售后全免计划，免除空调售后安装包括远程送货费、高层作业费、材料费等的所有服务费，真正做到了解决用户的后顾之忧。众所周知，消费者在购买空调后，都需要付一定金额的安装费，才可以解决安装的问题。且于目前的空调行业中，存在着收费标准不一致、服务费用不透明、安装耗材多收费等问题，让消费者十分头疼。苏宁电器考虑到消费者的这一顾虑，贴心地推出免费安装空调的售后服务，为用户节省了一定的开支。这是继推出空调“医保卡”、以旧换新、免费清洗等便民服务后，苏宁电器在服务领域的又一重要举措。如此升级服务的举动，做到了牢牢地抓住消费者需求，将用户的关注点作为焦点，真正戳中了用户的“痛点”。

第七章 粉丝营销

造“粉”时代，从传统营销到“粉”营销

“粉”营销，一场信息互动的革命

“粉”营销，顾名思义，就是粉丝营销。企业用优质的产品和服务或者用企业的知名度去拉拢一批消费者群体，使之成为粉丝，再通过粉丝相互传导的方式，去获得更好的营销效果。

“粉”营销创造的神话

“粉”营销发源于娱乐行业。我们不妨看一下电影营销领域中的“粉”营销。它利用明星的知名度吸引更多的影迷走进影院，拉高票房。2011 年 7 月，由杨幂主演的国产恐怖电影《孤岛惊魂》在全国公映，仅仅五天的时间便以 3400 万的票房创下了国产惊悚片的票房纪录，打败了当年 3100 万票房的《午夜心跳》。是谁创下了惊人的票房神话？答案是粉丝。《孤岛惊魂》在刚上映的时候，杨幂的粉丝“蜜蜂”对全国影院实施了大规模的“围攻”，自发组织包场观看，对该电影票房做出了巨大的贡献。

类似这样的由粉丝创造的电影票房神话的例子有不少，著名演员赵薇导演的《致我们终将逝去的青春》，在片子上映甚至是拍摄之前，赵薇的粉丝们就已经公开表示：“你负责电影，我们负责票房！”粉丝如此高涨的热情和难能可贵的忠诚度，是成就这部电影获得漂亮的票房成绩的基础。

从这些例子不难发现，在粉丝经济时代，“粉”营销的重要性已经毋庸置疑了。当然，“粉”营销不仅适用于娱乐行业，苹果、小米等品牌拥有的超高市场占有率和企业知名度，已经说明了“粉”营销对于其他领域有同样的适用性和重要性。2014 年 4 月，在小米科技成立两周年庆祝活动上，上千名疯狂的“米粉”从全国各地赶到北京参加这场狂欢，董事长雷军在台上一呼百应，现场气氛的热烈程度绝不亚于一场明星的演唱会。小米在现场公开发售，仅仅用了 6 分 5 秒的时间便售出了 10 万台小米手机，这样的成绩是让人惊叹而感慨的。

“粉”营销策略实际上是一场信息互动的革命。在“粉”营销的过程中，想要吸引更多的粉丝，留住铁杆粉丝，一个重要的方法，就是保持互动。

1. 选择合适的自媒体平台。品牌需要借助一定的平台，以发布产品相关的资讯、推送优质的内容、与粉丝互动。选择一个当下最流行的、点击量最高的平台，非常重要。提到流行，大家自然就会联想到微博、微信。的确，微博、微信等社交平台都非常合适。选择了合适的平台后，还要保证每天都有一定的发布量，并选择一个最佳发布信息的时段，这样才能在粉丝眼前“刷存在感”。一般来说，粉丝会在闲暇的碎片时间玩这些社交平台，比如早晨上班的交通时间、中午饭后时间、晚上休息的时间，所以“粉”营销要洞察并掌握粉丝的习惯。

2. 通过“互粉”“互推”增加粉丝量。在“粉”营销的初期，粉丝的数量恐怕是比较少的。在较少粉丝的情况下，“粉”营销无法达到预期的效果。因此，这一阶段要关注的，是增加粉丝的数量。如何增加呢？“互粉”及“互推”是可以考虑的方法。“互粉”指的是和其他的营销企业通过互相关注的方式来增加一些粉丝量；“互推”指的是彼此互相宣传和推广对方，比如转发和评论等，来增加一些活跃度。

3. 把内容做好。所谓“内容为王”，不管是哪种方式的营销，注重内容的质量都是重中之重。企业除了可以在自媒体平台上发布产品的信息外，还可以发布其他粉丝感兴趣的内容，例如优质的文章、相关市场领域的新闻资讯、有深度的分析等，发布的内容要具有可读性、趣味性、涉及的内容要尽量靠近自己的产品，这样的内容才有效果。

4. 与粉丝充分互动。不少粉丝在内心是渴望与企业近距离接触的，但无奈没有合适的机会和途径。“粉”营销就是要让粉丝获得这样的机会。企业在做“粉”营销的过程中，要保持尽量多的时间在网络上，最好是配备专门的运营人员。这样，当粉丝借助这个平台向企业留言或是提问时，就能够及时获得回复。这种“你来我往”的行为，能够提高企业的形象和亲和力，同时提升粉丝对企业的好感度。

5. 给粉丝发放福利。要想留住粉丝、增加粉丝，除了优质的内容、亲密的互动外，可以考虑采用发放福利的策略。福利是多种多样的，最简单的就是发微信红包、送礼品、发放优惠券等，这类与金钱挂钩的福利虽然“俗气”，但却能引来粉丝的高度参与，并且屡试不爽。还可以邀请相关领域的名人到企业来做客，在线上与粉丝互动，或者用分享课的方式，提供更多的信息。这种方式其实也是一种无形的福利，也能够满足粉丝精神上的需求。

粉丝营销力，即企业影响力

在企业品牌的运营中，粉丝不仅是最忠诚的消费者，甚至有些是狂热的痴迷分子。因此，已经有人提出，真正的品牌缔造者，早已不是企业或品牌的创始人，而是粉丝。古语有云："得民心者得天下。"这句话放在今天这个移动互联网时代，已经被改为"得粉丝者得天下"。得民心的皇帝才能真正掌握大权，得粉丝的个人才能有足够大的影响力。同样道理，企业影响力的打造，关键也在于粉丝。而如何获得更多更忠诚的粉丝，则要看企业的粉丝营销力是否足够强大。那么，企业可以从哪些方面来提高粉丝营销力呢？

"生鱼片理论"——强调"快"的重要性

什么是"生鱼片理论"呢？这个巧妙的比喻是由三星 CEO 尹钟龙提出的，他指出：如果从海里捞到了一条珍贵的金枪鱼，是不是就一定可以卖到好价格呢？答案是不一定。第一天能以很高的价格卖到顶级的餐厅酒店，第二天能以一半的价格卖到二流的餐厅，等到第三天，也许就只能以1/4的价格卖到三流餐厅，而到了第四天，它将卖不出去了。我们可以发现，其实这个理论，强调的就是一个"快"字。粉丝营销也一样，要想提高营销力，就要求企业迅速地对市场反应和消费者需求做出行动。

所谓"天下武功，唯快不破"，互联网是个日新月异的快时代，要想在这个时代存活下来并且崭露头角，最强大的生命力就是"速度"二字。美国思科公司的总裁曾经说过，在竞争激烈的市场上，只有快速反应才能抢占先机，占据有利地位，才能够有效地降低成本，避免不必要的问题发生。

小米公司一直信奉“快”的原则。用快速更新换代的策略，可以掩盖产品的一些问题，同时还能规避一些风险。更新换代，常常是针对粉丝的反馈意见来进行的，尤其是互联网产品，用户的需求在不断变化，企业无法做到一次性满足，只能随着用户的脚步不断地前进，在一次又一次的更新换代中让产品趋于完美。同时，以最快的速度、最实际的行动来回应粉丝，会让粉丝感受到企业对自己的重视，满足了粉丝的参与感需求，提高了企业的亲和力及影响力。

做好服务是提高营销力的“杀手锏”

留住粉丝的，除了优质的产品外，还有良好的服务。所以，有人提出了“服务即营销”理念，以强调服务的重要性。

提到服务，自然会再一次想起海底捞，它“服务高于一切”的营销理念，着实深入人心：一是在等候区提供贴心的“排队服务”，例如免费水果、小吃、杂志、美甲、棋牌等，让排队候餐也成为一种乐趣；二是在用餐的时候提供超值的体验，服务员会为每一位前来用餐的消费者递上围裙和热毛巾，对于长发的女士则会贴心送上发夹和皮筋，对于戴眼镜的顾客会送上眼镜布等，这些细节有时连顾客自己都想不到，给顾客带来惊喜；三是提供线上订餐服务，海底捞的火热程度导致店内“一座难求”，于是它贴心地为顾客提供了线上订餐服务，只需要在网络上选择订购餐品，海底捞就会将餐品和餐具送至顾客的住处，实现足不出户就可以享受美食的愿望。

不必试图取悦所有人

所谓“众口难调”，每个消费者由于身处的环境、自身的需求、消费能力情况各异，对于产品的看法难免一致。也就是说，如果企业试图满足所有人的需求，做到让每个人都满意，只会降低自己的营销力。相反，只需要找到精准的人群，采取相应的营销策略，使这一部分人满意就足够了。

精准营销，可以确保产品能够满足所定位的这一个目标群体的诉求，从而达到更好的营销效果。为了避免掉入“取悦所有人”的泥淖，企业应当对自己的市场进行细分，对自己的目标用户进行精准定位，从而针对每一部分用户的需求来设计和生产产品，尽可能地迎合他们的口味，满足他们的期望。例如，劳斯莱斯对自己的定位是“皇室贵族的坐骑”，然而这并不只是对产品的定位，还包含了对用户群的定位，它直白地指出了：我们的产品不是一般的普通老百姓能拥有的，是针对高端用户设计的。又如，瑞典的宜家家居将目标用户定位于对生活质量有一定的追求、热爱时尚，但同时经济能力又不太高的年轻买家，所以其设计生产的产品就围绕着这些年轻买家的需求在打造。

因此，企业要意识到一点，提高粉丝的营销力并不等于盲目扩大消费者群体，因为再好的产品和服务也不可能满足所有人，细分市场，精准定位，才能收获意想不到的效果。

粉丝营销，口碑营销最重要

什么是“口碑营销”？人们对它的定义是这样的：品牌或产品在推广的过程中，通过用户间的相互交流将品牌产品的相关信息传播开去。最早提出这个概念的，是日本企业家、游戏“任天堂”的前社长山内溥。他指出，一些在前期不为世人所关注的作品，随着时间的推移，可以通过“口碑效应”使之逐渐走红。

“口碑营销”又有另一个说法，被称为“病毒式营销”。病毒具有快速复制和传播的特征，“病毒式营销”的核心内容就是要让营销的信息如病毒般传播和扩散，使之快速地推广至数以万计、甚至更多的用户，从而使更多人建立起对品牌和产品、服务的了解，达到更好的宣传效果。

口碑营销具有哪些优势

1. 营销成本低。口碑营销的方式，简单来说，就是口口相传。不少电影、图书、游戏的流行，都是靠口碑的传播来获得成功的。试想想看，或许每个人都有过向他人推荐好电影或好书的经历。甚至有数据指出，超过一半比例的电影传播都是通过口碑营销的方式来实现的。产品凭借着其过硬的质量和优质的体验，在用户群体中获得了良好的口碑，用户会在不经意间主动传播，这样的方式显然要比其他广告形式低得多，而且往往能够获得出乎意料的传播效果。

2. 可信度较高。一般的广告会采用公开、广泛且反复的形式对用户进行强制性的信息灌输，从而使用户在脑海中形成对于品牌产品的认知。这样的方式往往效果不大，因为消费者很难在海量的广告中发现对自身有价值的信息内容，大部分内容是消耗时间和精力的，所以大众对于媒体广告的信任度越来越低，企业想要通过广告去获得好的宣传效果也越来越难。而根据一些调查报告的结果显示，当消费者有相应的消费需求时，一般会咨询身边的亲朋好友，听取他们的建议和意见，以择取更合适的商品。口碑营销一般发生在亲戚、朋友、同事、同学等关系较为亲近的人群之间。所以，相对于企业在媒体发布的广告来说，来自身边的人的建议，其可信度会更高，用户发生消费行为的成功率会更大。

3. 能够挖掘潜在的消费者。大部分人是乐于分享的，热衷于把自己的体验分享给身边的人，比如我们去过哪一家好的餐厅、看过哪些好的电影，会忍不住想要向别人推荐。这样的做法能带来什么后果？有一项调查结果指出：一个满意的消费者会引发八笔潜在的消费行为，其中至少有一笔可以成交；而一个不满意的消费者可以影响 25 人的购买意愿。由此可见，口碑营销的影响力不容小觑，甚至可以说是最值得潜在消费者信赖的传播方式。

4. 提高用户对于品牌的好感度。采取口碑营销的策略，鼓励早期的使用者向他人推荐和分享产品，不仅可以影响其他消费者的决策，提高挖掘潜在消费者的成功率，而且，随着用户的满意度越发提高，用户对于品牌的好感度也会随之上升，品牌的长远利益也可以逐步得到保证。

口碑营销可以运用的技巧

口碑营销的关键在于，在用户群体中制造话题，引发讨论，从而达到“让大家告诉大家”的效果。要做到这一点，可以适当在营销内容中添加一些技巧。

1. 新颖、有料，才能制造话题。在当今这样一个信息大爆炸的互联网时代，用户对于海量的信息有着较大的免疫力，一般的内容已无法引起用户的关注，只有新颖的内容才具有吸引力。很多人都听说过海尔集团董事长张瑞敏砸冰箱的事。1985 年，张瑞敏在一次检查中发现了 76 台具有各种各样缺陷的冰箱，不少人建议把这些冰箱便宜点卖给员工处理掉。然而，张瑞敏则坚持要这 76 台冰箱砸掉，并且说出“有缺陷的产品就是废品”这句掷地有声的话。这个事件在当时引发了大众热烈的讨论，成为了一个热度极高的话题，海尔集团也因此获得了较高的美誉度。但是，之后又传出其他企业有类似举动，却无法引起公众的关注了。可见，内容新颖、有料，才能引发公众的兴趣。

2. 点子特别，才能引起关注。想要口碑营销发挥“病毒”的“易感染”功效，就得提高“病毒”的“威力”。营销内容足够特别、才能引起公众的关注。快餐连锁店 Chipotle 用一部奥斯卡级的动画片博得了观众的眼球。Chipotle 连锁店主营墨西哥烤肉，一直坚持在销售食品中采用天然有机食材，并以“良心食品”作为企业的口号。2013 年 9 月，Chipotle 于口号中添加了一点“料”，他们推出了一部动画短片《稻草人》和同名移动游戏，通过虚构一个人类环境已遭受破坏、食品行业被生产劣质食物的企业垄断的未来世界，来引起人们对于食品消费安全的关注。这部动画影片在 YouTube 上播出不到两周，就获得了 650 万浏览量；而同名游戏在 AppStore 中上架仅六周，下载量就突破了 50 万。可见，口碑营销最重要的是一个特别的点子，足够特别才能引起公众的高度关注。

3. 好玩、有趣，才具有吸引力。人们通常容易对有趣好玩的内容感兴趣，如果能在营销内容中添加好玩的元素，就可以牢牢抓住用户的眼球，让用户参与其中，并获得乐趣。依云品牌，可谓把“病毒式”营销玩得风生水起。2014 年 5 月，它推出一款名叫 BabyMe 的应用软件，同时支持苹果和安卓系统，可以覆盖大部分的手机用户。用户只需要在应用中上传自己现在的照片，就会生成一个相对应的婴儿形象，还能分享在社交平台。大部分用户都会自己的婴儿形象感兴趣，可爱的婴儿形象唤起了用户的童心和儿时的回忆，如此好玩、有趣的内容足以在用户群体中引发一阵热潮。

移动互联网时代，先有粉丝，后有客户

在我们的日常生活中，不管是走在路上的时候、等车的时候、外出吃饭的时候，随处可见的是低头玩手机的人，这类人被称为“手机党”。如今，只要拥有一台智能手机，就可以实现通信、看视频、听音乐等多种功能。可以看出，移动互联网和智能手机的迅猛发展，大大影响了我们的生活方式。其实，不仅是生活方式，商业模式也受到了很大程度的影响。

首先，传统的商业模式受到了极大的冲击。在过去，商业竞争主要是商业空间的抢占，也就是说，谁能获得足够多的渠道，谁能抢占终端，占有足够多的空间，谁就具有更高的竞争力。可是，在移动互联网时代，空间似乎已经不是重要的要素了。相反，谁更能占据用户的时间，谁就是赢家。其次，大众的消费观念在改变。消费者在海量的信息中会显得愈发清醒和理智，已经不能轻易地被商家影响和俘获了，他们不会从产品的知名度去推断一个企业的美誉度，也不会从企业的美誉度来决定自身的忠诚度，不再容易被商家“牵着鼻子走”了。最后，社群时代已经到来。“物以类聚，人以群分”，人们总是向往群居生活。消费者也不例外，喜欢和志同道合的人以“圈子”的方式聚集在一起，共同来讨论和分享品牌商品的信息。

商业模式的转变在提醒我们，要想在移动互联网时代获得经济效益，就要从过去的传统营销思维中解放出来，运用互联网思维，走出一条新的商业模式之路。

打造更大的粉丝群体

粉丝的力量是惊人而庞大的。当前，全球最疯狂的粉丝群体莫过于苹果的“果粉”了。苹果品牌和乔布斯对于“果粉”而言，就是信仰一般的存在。早于 1997 年，乔布斯重回苹果公司的时候就说过：“苹果公司的另一大资源就是顾客。”虽然他说的是顾客，但是当时那 2500 万麦金塔电脑用户（Macintosh，简称 Mac，香港俗称 Mac 机，当时大陆地区亦有人称苹果机或麦金塔电脑）是苹果公司最忠实的顾客群体，显然已经是早期的“果粉”了。乔布斯意识到，如果这 2500 万粉丝能够购买苹果产品，苹果公司就可以扭亏为盈，东山再起。果不其然的是，他们成了苹果产品的最早一批粉丝。

苹果是如何培养和维护粉丝的呢？苹果公司每年都只会开发数款产品，数量虽少，但都力求将每种科技发挥到极致，让用户获得绝佳的体验。这种体验让“果粉”对苹果产品赞不绝口，以至于忍不住要分享和传播给身边更多的人，从而影响其他人的消费倾向。

数量庞大的“果粉”群体及良好的品牌口碑，使得人们对于使用苹果产品的现象看作一种“社会文化”，苹果产品的用户也获得了一种“身份认同”，使用苹果产品被看作是追求高科技、追求高生活品质的体现。这就使得“果粉”对产品产生了“上瘾”的感觉，为苹果公司的市场占有率提供了强有力的保障。同时，这个现象在不断地蔓延和扩散，“果粉”的群体也在不断地扩大。

小米的“粉”营销也是做得非常成功的。小米成功的关键，和其定位有至关重要的联系。小米的定位非常清晰，主要就是“发烧友”。针对“发烧友”，小米最关注的内容是高性能，这是核心追求的目标；其次是高性价比，让粉丝能用低价获得更高性能的产品。小米公司的内部有一个基本的原则，那就是“不试图服务所有的用户，不试图取悦所有的人”。如此精准的定位，使得小米能够专注于用户需求，打造出符合用户期望的产品，从而吸引更多的“发烧友”，形成良性循环。

先有粉丝，后有客户

众所周知，粉丝经济就是粉丝“当道”的时代。我们都知道，粉丝的力量是巨大的，能帮助企业创造一定的经济效益。可是，难道一般客户就不重要了吗？一般客户不也为购买企业的产品掏腰包了吗？

粉丝与一般的客户区别在哪里呢？曾经，宝洁公司旗下的一个高端护肤品品牌出现了质量问题，购买过该产品的消费者非常气愤，甚至还有人在网上声称要把宝洁公司给砸了。与其性质差不多但却形成鲜明对比的事件是，美国哈雷公司的产品哈雷摩托也出现了问题，但哈雷的粉丝们却没有责怪品牌，也没有抛弃品牌，反而一如既往地支持，甚至是“脑残”般地维护，粉丝们认为在修理部弄得满身机油才符合哈雷摩托迷们的“坏男孩”的形象。这两个案例告诉我们：一般客户只是曾经购买过产品的“过客”，一般只关注自己的利益，而粉丝才会真正支持和维护品牌。

此外，粉丝之所以能称为“粉丝”，是因为粉丝对于企业和品牌投入了情感。这样的情感除了表现在支持和维护品牌以外，还表现在另外两个方面：一是这种情感会驱使他们成为企业的“代言人”，粉丝会愿意主动地把品牌产品推荐给身边的人，使传播的效果放大再放大；二是粉丝因为钟情于品牌，主动让渡了一部分思考的权力，也就是说，他们不仅会购买自己需要的产品，同时也会因为支持品牌购买其不需要的产品。这种情感，是一般客户所不具有的，所以，有客户不能代表有粉丝，但是有粉丝就一定会有客户。

“粉”营销的本质，以“粉”为本的人性营销

企业进行“粉”营销，营销的对象自然就是粉丝。要想俘获粉丝们的心，就得以“粉”为本，进行人性营销。其实，不管是企业的管理问题，还是产品的营销问题，究其根本，也是与人有关的问题。处理好与人有关的问题，才能达到更好的营销效果。那么，企业该从哪些方面来做好人性营销呢？其切入点是——投其所好，即满足粉丝的需求。

满足粉丝对于“体验”方面的需求

在过去尚未出现互联网的时候，由于信息极其不对称，用户对于产品几乎都是不挑剔的，说白了就是“买的没有卖的精”。但是，互联网的出现，使得消费者从网络上获得了各种商品的资讯，并且能够轻易地比质比价，从此告别了过去信息不对称的“不公平”年代，变得越来越有主动权和话语权。因此，在质量和价格都难以获得绝对竞争力的前提下，用户对于体验方面的需求变得越来越强烈。

什么叫用户体验呢？打个比方，你需要一台笔记本来处理文档，就有人递给你了一台，你使用之后发现它确实可以处理文档，但也只能机械地处理一下，这能叫体验吗？这不能叫体验。因为它只是满足了你的基本需求，没有带来任何惊喜，没有超出你的预期。但如果你发现这台笔记本可以智能地“一键”自动处理文档，这时候你就会发出“哇”地一声惊叫声，这才叫体验了。所以，体验就是一种惊喜的感觉。

好的用户体验，要超出用户的预期。微信就是一款不断给用户带来惊喜、超出预期的软件。起初使用微信，就是为了满足通讯的需求，微信可以发信息、发图片、传文件，使用过程稳定，对于一款通讯软件来说，已经是合格的产品了。然而，微信的“志向”远不止于此，它不仅是一个通讯软件，它还是“一个生活方式”。用户除了用微信来满足日常的通讯需求外，还可以使用微信来转账、支付、生活缴费、打车等等，真正实现了“一个软件，装下一整个世界”的愿望。微信越来越强大而全面的功能，给用户带来了层出不穷的惊喜，同时也是满足粉丝对于“体验”方面的需求。

满足粉丝对于“微创新”方面的需求

移动互联网的出现，使得人们的时间变得更加碎片化，与其对应的，各种“微”产品纷至沓来，如微博、微信等，可见“微”已经成为了生活中的主流。同样的，“微创新”也成为了当今粉丝对于产品的需求之一。

早在2010年7月，周鸿祎在接受《中国企业家》采访时就提出了“微创新”的概念，并且介绍了多个“微创新”点。而后，他又于8月的互联网大会上发表了以“用户至上，持续微创新”为主题的演讲，并对“微创新”进行了更进一步的阐释：“你的产品可以不完美，但是只要能打动用户心里最甜的那片天，把一个问题解决好，有时候就是四两拨千斤，这种单点突破就叫‘创新’。”

腾讯公司就这样一个把“微创新”落到实处的企业。很多互联网公司谈战略，但是往往会忽略创新。腾讯公司则没有跟风谈战略，而是踏踏实实地把每个产品做好，特别是处理好一些小的功能和细节，总能让用户在使用的过程中舒心一笑。比如，腾讯游戏中的“微创新”，最早开发的开心农场中有“一键偷菜”的功能，让用户的游戏体验更极致；QQ音乐在运行的过程，如果手机来电则会自动切换至暂停的状态，电话接听完毕又会继续播放音乐，全程无需用户手动操作；微信中更是有很多让用户意想不到的小功能，例如朋友圈分组设定、用户发朋友圈还可以提示谁看等等。这些功能虽然小，但都十分创新，能够深入用户的内心。

满足用户对于情感方面的需求

成功的营销，不是说服消费者购买，而是俘获消费者的心，让其主动为你掏腰包。而要达到这一点，如果仅从产品的打造入手，恐怕有些困难。真正要打动用户，需要一种真情投入。比如，爱情是让人盲目的，一旦爱上对方，就可以失去理智，近乎疯狂地为她付出一切。人性营销，就要达到这样一种境界：与粉丝建立了感情。

情感是提高粉丝忠诚度的桥梁，能够引发粉丝的共鸣，激起粉丝内心的涟漪。在产品中注入情感的元素，让原本冷冰冰的产品富有人性化，似乎也有了温度。比如，全球知名奢侈玫瑰品牌 Roseonly，它卖的不仅是顶级的玫瑰产品，还是“一生只爱一人”的承诺；海尔以“真诚到永远”作为激发用户情感的触点，博得用户的青睐；纳爱斯雕牌洗衣粉用“妈妈，我能帮您干活啦”这样真情流露的广告语，来感动广大消费者，让品牌更加深入人心；哈根达斯用“爱我，就请我吃哈根达斯”这样的俏皮广告语，为自己贴上了永恒的情感标签，让冰淇淋的甜蜜与热恋的浓情蜜意相结合，更能吸引恋人们的光顾。这样的情感营销手段，为产品创造了温馨的气氛，更好地满足了粉丝们对于情感方面的需求。

粉丝营销，自下而上感染消费者

传统的营销方法，是自上而下的：首先，企业会从自身的产品出发，关注的问题是“我们想做什么产品”；其次，再想方设法地把产品销售出去，即关注“如何使产品获得更多的渠道去销售”。而粉丝营销则不同，它更适合运用逆向思维，也就是自下而上的程序：先有一套营销方法，再来考虑卖什么产品能把这套方法运用到极致，从而获得成功。

为什么运用自下而上的营销方法

营销的本质是什么？笔者认为，是要采用各种策略俘获消费者的大脑和内心，以达到将产品卖出去的效果。但每个消费者大脑中的想法、观念千差万别，想要影响并“俘获”他们，是一件非常不容易的事，因此在营销方法上必须足够巧妙。在如今信息爆炸的互联网时代，各种信息充斥着我们的生活，信息过载使得人们产生了过分理智乃而排斥的心理，这种心理的表现是：一般的信息已无法走进人们的眼睛，就更别提走进人们的内心，从而影响他们了。

传统自上而下的营销方法，是一种对消费者进行消费引导的方式。企业试图对消费者实施“牵着鼻子走”的策略，可在当今这个时代，精明的消费者们哪里那么容易被你“牵着鼻子走”。因此，如果此时仍坚持使用传统自上而下的营销，恐怕会收效甚微。

企业此时应该思考两个问题：其一，如何打破这种传统的消费引导模式？其二，如何让消费者主动购买产品？要解决这两个问题，企业应当改变传统自上而下的营销程序。产品的最终受众是消费者，让消费者决定企业该生产什么产品，然后再回归到产品的设计和生产本身，最终让消费者主动愿意购买。也就是说，采用自下而上的营销方法。

美国多明诺比萨店运用的就是自下而上的营销方法。他们了解到，消费者在忙碌的生活中热衷于追求高效率的体验，于是设计了一种营销方法以吸引更多顾客的关注和消费——“30 分钟内送货到家”。接着，为了兑现这个“承诺”，该比萨店将比萨饼上的佐料减至六种，将规格减至两种，大大节省了比萨饼加工的时长，并且该店只售卖两种口味的饮料。这样一来，多明诺比萨店没有一次不能完成 30 分钟送货，完全符合消费者的预期，这一战略也帮助饼店获得了长足的发展。

转换思维模式，解决营销难点

很多营销人员会陷入一个难题，那就是：明明已经拥有足够多的营销工具，但是却依然卖不出去产品？的确，不少企业有自己的网站主页、微博号、微信公众号、淘宝专用渠道等社会媒体工具，这么多的渠道难道还无法扩大传播效果？难道还无法吸引消费者？

我们只需要站在消费者的角度来看，就可以想明白这个问题：每个品牌和产品都在狂轰滥炸似的营销，根本不知道该买什么，根本不知道哪个产品是真正满足自身需要的。

问题就出在这里，市场营销本应是为消费者提供满意的产品或服务的过程，在这个过程中，消费者的需求应该是核心，产品和服务是载体。企业要围绕着消费者的需求来提供产品和服务，无论是物质上的需求，还是精神上的需求，企业要做的是让消费者获得共鸣，主动买这款产品。

这就需要企业转换思维模式。怎么样才算转换思维模式呢？举个例子，一对新婚夫妇要购置新房用品，他们需要什么？除了基本的家私、家电这些必需品外，他们更多的是对婚后甜蜜生活的憧憬，希望购买的商品里面添加了幸福的元素，把未来的生活装点得更加美好。如何让产品充满幸福感，这就是企业转变思维模式后应该添加的新的营销内容。

星巴克咖啡是全球连锁咖啡的引领者，目前已经在全球 38 个国家开设了 1.3 万家店，当然，这个数字还在不断上涨中。星巴克打出的广告是:“我不在星巴克，就在去星巴克的路上。”这句话不仅是广告，而且恰如其分地反映了大众对于星巴克的追捧。

咖啡品牌如此众多，星巴克如果仅靠咖啡来俘获消费者的话，恐怕难以突围。那么，星巴克特别在哪里呢?

1. 星巴克是一种生活方式。在一些文学作品中，人们写下了诸如“我奋斗了 X 年，终于能和你一样在星巴克喝咖啡”，又或是“如果他愿意带你来星巴克，说明他足够爱你”等类似这样的语句，对于人们来说，星巴克已经不是一杯咖啡那么简单，而是一种生活方式。

2. 星巴克打造了“第三空间”。在星巴克看来，人们的生活除了家和办公地点，需要一个“第三空间”来放松身心。于是，星巴克把咖啡厅打造成一个舒适、有安全感的空间，让消费者能够在消费过程中有归属感。

3. 音乐也是星巴克的产品。除了咖啡，星巴克的音乐也是被消费者所追捧的同样重要的产品。在星巴克咖啡厅里，消费者听到的大多数音乐都是星巴克自己开发的拥有自主知识产权的音乐。恋上咖啡的人，同样也会恋上这些动听的音乐。不过有点可惜的是，在中国的星巴克咖啡厅，还不能听到这些音乐。

从星巴克的营销案例中，我们可以看出：营销更重要的是转换思维模式，不仅要满足消费者的需求、符合消费者的预期，还要学会创造消费者的需要。

产品发布，一场腔调十足的灵魂体验

说到发布会，也许会有很多人联想到苹果产品的发布会。网络上有一句用来形容苹果发布会的经典语录："最美的已不再是下雨天，而是和你相约的苹果发布会的直播间。"这句话可谓高度赞扬了苹果发布会的精彩，同时也表达了"果粉"们对苹果诚挚的热爱。自从在2007年发布Iphone震惊世界后，每年的苹果产品发布会总是极其引人瞩目，乔布斯的现场演说总能恰到好处地点燃粉丝们的热情。

产品发布会的举办，对于企业而言，是宣传新产品、展示品牌理念和企业文化、联络和协调用户的一种重要手段；对于用户而言，则是一次与品牌近距离接触、率先体验产品、了解企业文化的机会。举办一场精彩的产品发布会，对品牌公关和产品销售具有快速催化的作用。现在，不少企业已经逐渐了解了成功的产品发布会的重要性，他们意识到，在产品足够好的基础上，一场腔调十足的产品发布会带给用户的是一次难忘的灵魂体验。那么，如何打造一场腔调十足的发布会呢？

选择一个合适的时间

举办发布会对产品而言，主要有两个目的：一是让用户了解新产品；二是使用户对产品认同并且达到宣传的效果，从而提高其销售量。我们不难发现，同一个行业的发布会经常在同一个时间段举办，比如小米、魅族等手机厂商往往会扎堆举办发布会。这是为什么呢？企业应该选择一个什么时间段来举办发布会，才能获得更好的效果呢？

也许有人会说“择日不如撞日”，企业自行选择一个合适的时间就行了。然而，这对于发布会来讲是行不通的。百度指数指出，现在越来越多的产品发布会都集中在 9 月份。这是为什么呢？有专家指出，9 月和 10 月是消费的旺季，而且接下来有很长的促销期，比如国庆节、圣诞节、新年，如果在 9 月、10 月举办发布会，接下来可以配合相关的消费和营销措施，充分利用促销期提高产品销量。因此，找准销售旺季是关键点。

找准销售旺季之后，还得考虑在一周内挑最合适的一天。一周七天，哪一天最适合发布新产品呢？大家可能感同身受，周一是工作日最忙的一天，周五则是工作日中最易产生倦怠心理的一天，周末两天是休息日，难以调动积极性。所以，最合适的莫过于周二到周四了。特别是周二、周三这两天，被专业人士称为最符合大众生物钟的发布会日。

让产品与众不同

在产品发布会的重要性一再被提及后，其数量可以说是日益增加。特别是自从李克强总理号召全民创业以来，国内就掀起了一场创业的热潮。而在这其中，硬件创业公司是主流。有统计数据指出，目前硬件创业公司的数量已达到数千家，除去一些巨头企业以外，平均每天的新品发布会有 3.8 场。发布会这么多，产品这么多，如果做不到与众不同，又如何能引起用户的关注呢？

来看 2007 年乔布斯是如何做 Iphone 发布会的。当年，乔布斯画了两条轴线，一条代表易用性，另外一条代表智能化的程度。他把传统的手机放在这个图的最下端，也就是说，传统手机不够智能化，介于好用与不好用之间；又把新型的智能手机置于图中，指出其虽然具备了智能化，但是却不具备易用性；最后才引出 Iphone，指出它既具备智能化，且易用性强。从这个案例我们可以看出：产品发布会要让用户了解到产品的与众不同和具备的优势，乔布斯在用户最关心的两个维度上，强调了 Iphone 与竞争对手的不同之处，强调了 Iphone 的优势。

有专业人士管这种对比的方法叫“创异”。小米的发布会也擅长运用“创异”的策略。为了区别苹果和三星等手机巨头，小米用“跑分”来体现自己的与众不同。这也刚好戳中了不少用户的痛点，认为“跑分”高就代表性能好。这一方法后来被不少手机品牌的发布会采用，可谓是屡试不爽。

来一场足够精彩的演说

发布会上的演说是重中之重，那么，如何使发布会上的演说足够精彩呢？

1. 惊艳的开场是演说取得成功的垫脚石。开场很重要，正所谓好的开端是成功的一半，发布会的开场要有趣、新颖，才能立马调动观众的积极性，将焦点汇集到台上来。乔布斯在 Ipod 发布会上的开场就非常精彩：首先分析了音乐市场的现状、强调了市场的需求，再介绍自身产品在音乐领域上的创新；接着是回应用户的抱怨，从用户的抱怨中逐步引出苹果的优势。

2. 注重调动观众的积极性。发布会的现场氛围非常重要，如果氛围沉闷，会使观众注意力不集中，产品的推广效果也就大打折扣。通常来说，时间太长的发布会会让观众感到疲乏，时间太短又无法全面传达新产品，所以，要科学适当地把握好时长。同时，与观众的互动也非常重要，互动的形式可以多种多样，例如播放视频、展示产品、邀请嘉宾到现场助兴等。

3. 提升视觉体验。产品的介绍如果只有文字的呈现，就算是再精彩的讲稿恐怕也会显得枯燥乏味。而且，根据记忆遗忘曲线，演讲者讲的内容越多，观众能够记住的就越少。如果在演说的过程中，可以向观众展示图文并茂的 PPT 和影片，所谓“一图胜万言”，这样不仅可以起到引导观众思路的作用，还可以提升观众的视觉体验，加深观众对于产品信息的记忆。

最佳营销模式：用一句话占领用户心智

在粉丝经济时代，粉丝最重要。苹果凭借“果粉”创造出让人惊叹的成绩，小米凭借“米粉”横扫中低端智能手机市场，郭敬明凭借众多的粉丝让《小时代》系列电影获得不俗的票房。“罗辑思维”凭借忠实的粉丝 6 小时内吸金 160 万……在粉丝的重要性一再被强调的今天，企业已开始愈发重视粉丝的营销。

如何更好地进行粉丝营销？如果单凭优质的产品和服务，恐怕还无法吸引粉丝。在这个快节奏、碎片化的时代，人们对互联网的海量信息逐步表现出厌倦的态度。没有人愿意停下来，花大量的时间去了解你的产品信息。所以，要抓住用户的注意力，将产品理念深深地植入用户的大脑中，用一句占领用户的心智，显得尤为重要。

用一句话，表达清楚产品的理念、态度和卖点

所谓“占领用户心智”，其实说白了，就是抢先在用户心中占据一个位置。papi 酱（原名姜逸磊，网络红人。）凭借“2016 年第一网红”“最值钱的网红”标签所广大网友所熟知，秋叶大叔率先用“PPTer”的标签吸引了广大 PPT 爱好者，鸡尾酒品牌 RIO 用“预调鸡尾酒”的标签成功在鸡尾酒市场中占领了重要的位置。

广告语作为品牌宣传的重要元素之一，应以简洁、概括且富有感召力的语言准确地向用户传达产品理念的核心。一句好的广告语，不仅可以向

用户传播产品的独特卖点，而且可以迅速抓住用户的注意力。其中，知名度较高的，如小米的“为发烧而生”。这是小米的品牌定位，来源于小米对其市场的精准定位，它不仅是一句宣传语，更是小米的精神统领。这样的广告语，就能够做到用一句占领用户的心智。

不少人对厨邦酱油的那一句广告语“晒足 180 天”印象深刻。酱油是每家每户几乎每天都需要使用的调味料，但是接触得多，不代表了解得多。酱油为什么要晒呢？晒是为了让蛋白质转化为氨基酸，而氨基酸的成分越高，酱油的营养价值就越大，等级也越高。我们仔细来看这句广告语，从一个“晒”字，可以看出厨邦酱油采用的是纯天然的晾晒方法；从“180 天”这个数字，则可以看出其晒期足够长。其实，其他品牌的酱油也有用类似的宣传语，比如“六月鲜”的广告语是“六个月足期酿造”，“海天酱油”的广告语是“真正晒出来的好酱油”。各大品牌都在强调同一个理念，但是厨邦聪明地将方法和晒期结合在一起，简洁有力，用寥寥数语就占领了用户心智中的最佳位置。

如何让用户留下更深刻的印象

优秀的广告语，能够抓住用户的眼球，在用户的脑海中形成一定的认知。但是，要使用户对品牌和产品留下更深刻的印象，除了一句优秀的广告语外，还需要在其他方面下足功夫。

1. 偶像效应。诸如电影明星、歌星、专业领域的名人这一类公众人物，知名度较大，具有较大的社会影响力，能够为品牌的推广提供一定的帮助。网上有则新闻：影星鹿晗手扶着路边的邮筒合了个影，于是那个幸运的邮筒成了“明星”，女粉丝们冒雨排了两条街的队同它一起合影。可见偶像效应的力量非同一般。所以，不少企业会请明星来代言，借明星的口说出企业的广告语，使其更具吸引力。如今，除了请明星代言，不少企业会采用企业创始人代言的方式。如风靡网络的聚美优品 CEO 的“陈欧体”、格力集团 CEO 董明珠为手机代言等。相较于明星，企业创始人更了解品牌的理念和态度，更具有发言权。

2. 用画面增强印象。所谓“有图有真相”，用图片来展示产品的信息，相较于单纯的文字，对视觉更具冲击力，更加直观，一目了然。比如，洗洁精品牌 Pril 的广告语是“洗净所有，只需一滴”，这句广告语非常精炼贴切，强调了洗洁精超强的去污能力。搭配这句广告语的图片描述的画面是：在一大叠盘子的上面，一只手抓着“一滴洗洁精”。这个图片是对广告语更进一步的诠释，非常直观有意思。又如，某个整容医院的广告语是“你唯一需要担心的是，该如何跟孩子解释”，与广告语搭配的画面是：一对非常养眼的年轻人和几个长相一般的儿女，聚在一起拍了个全家福。广告语与图片均没有提到整容服务，但却让用户一看就读懂了“内涵”，印象怎能不深刻呢？

3. 注入情怀，更打动人心。越是快节奏的时代，用户越是追求与众不同的东西。罗永浩用情怀打造的锤子手机，获得了粉丝的大力支持，其本人也认为“产品做得异常优秀出色的情况下，营销上贩卖情怀和理想主义是再自然不过的”。产品需要情怀，宣传也需要情怀，才能真正做到触动人心。“台塑牛排”的一句话是“只款待心中最重要的人”，这句广告语输出的情怀是顾客是最重要的贵宾，值得以最好的食品来款待，表达了“台塑牛排”对顾客的尊重。万科公司的西山庭院的一句广告语是“原来现在的人竟也是需要靠山的”，靠山修建的楼盘有什么不同？万科的情怀是富有内涵的，把建筑的靠山和人生的靠山相结合，就能够触动人心。海尔的一句“海尔，中国造”一下子将爱国情怀与电器需求整合在一起。以上种种均恰到好处地戳中了用户的“痛点”。

移动互联网时代，自媒体比广告更有效

只要你曾经看过电视或是阅读过报刊，就一定看过某些广告。传统的推广工具，就是广告。品牌产品要获得用户的眼球、提高自身的知名度，通常都会采用广告的方式。广告，顾名思义就是广而告之，它是一种传播手段，通过利用电视、报刊等一定形式的媒体，公开、广泛、反复地向大众传递信息，从而使大众在脑海中形成一定的认知，以此来提升品牌的知名度。

很多企业每年都需要花费一大笔宣传资金，用以投放广告。然而，在互联网时代，特别是如今的移动互联网时代中，智能手机已逐步成为人们最爱不释手的“好伙伴”。人们只需要拥有一台智能手机，就可以获得诸如看新闻、听音乐、通信、看视频等体验。在这样的大环境下，在传统媒体中投放广告的宣传力度显然已远不如从前。因此，企业花费了大量广告费，却也无法获得预期的推广效果。那么，该如何获得比广告更好的宣传效果呢？

自媒体的兴起

随着微博的流行、微信的迅速兴起，“自媒体”一词逐渐成为了大众的焦点。什么是“自媒体”？人们给它下的定义是这样的：指私人化、平民化、自主化的传播者，以现代化、电子化的手段，向不特定的大多数或特定的单个人传递规范或不规范信息的新媒体的总称。自媒体平台包括：博客、微博、微信、百度贴吧等。通俗来说，就是普通大众可以用以发布相关信息的载体。

自媒体的核心是消息传播的“去中心化”以及信息内容的“多元化”。在传播过程中，自媒体让信息变得触手可及，每个人通过微博或是朋友圈就可以轻易向大家分享自己的想法，且可以自主、自由地获得一些话题的参与和讨论权。

快节奏的生活把人们的时间碎片化，互联网的“海量”特征容易导致人们信息过载，于是不少人步入了一个“轻阅读”时代。这样的环境，给微博提供了一个强有力的背景。微博的内容以 140 个字为限，其简洁的特征，符合当今碎片化时代人们对于“小而美”产品的需求。用户可以通过下载微博客户端，随时随地阅读自己关注的信息，同时也可以通过微博发表自己的内容。

微信公众号的火热化可以说是把自媒体推向了巅峰状态。2012 年 8 月，微信推出公众平台应用，从文字、图片、声音等多角度实现与用户的交流和互动，一开始是提供给名人、广告公司等机构以推广业务之用。后来，公众平台又分为阅读账号和服务账号，其中的阅读账号成为了不少微信用户发展自媒体的重要基地。而最关键的是，每个用户都可以通过这个平台来发声。微信用户可以通过选择订阅一些公众号来获取自己需要的知识和信息，同时，也可以自己注册一个公众号，来分享自己的观点和看法。

品牌如何运用自媒体，达到营销的效果

诚然，随着自媒体的逐渐兴起，传统媒体的推广效果已大不如前，而自媒体的传播能力和推广效果是有目共睹的。企业要获得更好的宣传效果，就必须要适应时代的变化，逐步地将服务用户和营销产品的主战场从传统媒体转移到自媒体上去。那么，具体可以怎么做呢？方法有很多，限于篇幅，在此简要提几个。

1. 利用自媒体，传播品牌的故事。品牌背后如果没有故事支撑，对于用户而言，就只是一个冷冰冰的商标。故事让品牌富有生命力和情感，可以有效地树立品牌的形象，同时也可以提高用户对于品牌的认知度。但是，品牌要如何传播自己的故事呢？相对于传统媒体而言，自媒体可能更合适。品牌将自己的故事进行适当的包装后，在微博、微信等平台上发布，通过粉丝的不断转发，使得品牌的曝光率得以爆炸式增长。植观是一个新兴的洗发水品牌，主要卖点是天然无害的成分。然而，如今洗发水品牌和产品众多，如何提高用户对于它的关注和了解呢？植观通过微信公众号“两个大叔”来传播自己的品牌故事，让用户更多地了解到产品的背后，拥有怎样的故事和情感支撑，从而提高对于品牌的关注度。

2. 与网络“大咖”合作互动，借用其影响力。无论是微博、微信，还是其他自媒体平台，粉丝量是提高其传播效率的关键。但是，品牌在推广的初期，自媒体平台也许无法一下子获得足够多的粉丝。这时，可以考虑与成熟的网络“大咖”合作。网络“大咖”们通过长时间运营自己的账号，通常会拥有大批的粉丝，品牌可以适当地借用他们的影响力，以达到预期的推广效果。

3. 通过热点话题，引发用户的关注和讨论。自媒体营销，离不开与粉丝的互动，互动的次数越多，热点话题越多，越能引发更多用户的关注。品牌“杜蕾斯”在微博营销这方面，有着相当多经典的案例。它懂得巧借热点话题，去引发公众的讨论。这样的营销方式，就易于引发公众的互动。

免费试用，用户的初体验

“一见钟情”在爱情里是个浪漫的词，形容男女双方初次相见，彼此怦然心动，堕入爱河。然而，今天笔者想把这个浪漫的词用在用户与产品之间。也就是说，其实产品和用户也会发生“一见钟情”的情况。你是否有过类似这样的经历：在逛商场的时候遇到一件让你眼前一亮的产品，让你毫不犹豫地买下了它。这种情况，就是用户对产品的“一见钟情”。

这样的“一见钟情”，其实是基于用户对产品的直观感受或首次尝试得到的体验之上的。产品要做到在第一时刻就打动用户，首先得在“初体验”上下足够的功夫。而免费试用的策略，则是让用户获得产品初体验的途径之一。

免费试用，是获得用户的第一把钥匙

试想一下，一款免费的产品和一款付费的产品，哪一个对用户的吸引力更大？更容易让用户率先体验？答案一定是前者。因为对于用户而言，最具吸引力的词，莫过于“免费”二字。“免费”让用户有安全感，打消了一些顾虑。2002 年，网易推出免费的 163 邮箱，打败了付费的 263 邮箱；2003 年，淘宝打着“免费”的旗号强势来袭，打败了付费的易趣……可以说，免费的策略屡试不爽，是企业获得用户关注的第一把钥匙。产品若想获得用户长久的关注，必须要给予用户使用的机会；而免费试用，可以让用户更深入地了解产品的有关信息，更积极地去获得体验，从而提高品牌的知名度和品牌的亲和力。

亚马逊网上商城中的Kindle电子书城，是Kindle阅读器用户购买电子书的主要场所，这里拥有海量的电子书供用户选择。电子书相较于实体书而言，具有两个方面的优点：一是电子书的价格普遍低于实体书；二是电子书便携易带，方便用户随时阅读。但是电子书也有它的不足之处，比如：用户在购买前，无法像购买实体书一样，通过翻阅大致的内容来决定是否购买此书。然而，亚马逊商城早已考虑到用户这方面的困扰，推出了电子书的免费试读服务。用户可以通过查找想要的电子书，点击“免费试读”，接着将书中的前几章节推送到自己的Kindle阅读器中，就可以享受到实体书店一般的免费试读服务，从而做出是否购买全书阅读的决定。

不仅如此，亚马逊还贴心地考虑到没有购买Kindle的用户的阅读需求。不少用户手上没有Kindle阅读器，因为种种原因，不能马上购买。亚马逊推出了Kindle的APP，让用户免费下载到手机或平板电脑中，用户同样可以通过购买电子书，获得良好的阅读体验，从而来判断是否购买Kindle。这些“免费试用”的方式，对于提高用户对品牌产品的关注度和好感度，有很大的帮助。

“免费试用”的最终目的，是让用户愿意付费

“免费试用”从表面上看，用户几乎不用花钱就可以获得产品或享受服务，非常划算。然而，这对于商家而言，是一种以暂时性让利的方式，吸引更多用户对产品和品牌的关注，从而诱导潜在用户付费的促销策略。用户在面对一款未接触的产品时，免不了会有各种各样的顾虑：这产品有用吗？这产品值得买吗？……为了打消这些顾虑，商家采取让用户免费试用的方式，先是吸引更多人的眼球，再以优质的产品和良好的体验，让用户

主动掏钱付费使用。

优酷网是国内知名的视频网站，它以“快者为王”作为其产品理念，以“快速播放，快速发布，快速搜索”作为其产品特性，且拥有海量的网络视频资源，满足了当今这个“快时代”中用户观看视频的需求。而且，优酷网十分注重用户体验，注重打造完美视觉效果，且很长一段时间以来都坚持采用免费的方式，让用户不管是在优酷网页版还是手机客户端，随时随地都可以看到海量免费视频。截至 2014 年 6 月，优酷网在国内的网络视频用户规模已经超过 4 亿，获得了广大用户的喜爱和欢迎。

优酷网以免费策略吸引用户关注，让用户获得良好的初体验。而这样的目的，是为付费做好铺垫。它通过推出会员付费的方式，将一部分较新、较特殊的视频资源纳入会员专属区，用户需要每月付费申请会员，方可观看。而当用户在免费感受到优酷的“快”体验后，往往会大大提升对产品的好感，从而自愿掏钱体验付费的项目。

SleepCycle 是一款可以记录和改善睡眠质量的智能睡眠监测软件。用户将其免费下载至手机后，只需要在睡前打开应用，将手机的正面朝下置于枕边，就可以监测到整晚的睡眠状况。它通过睡眠周期的统计曲线图，可以看出用户每晚的深度睡眠时间与浅度睡眠时间，从而利用这个曲线掌握自己的最佳睡眠时间；在使用超过五天以后，用户就可以看到更为直观的柱状统计图以及睡眠质量的百分比数；同时，它还具有特别的闹钟功能，它可以根据用户的睡眠深度来进行唤醒，在最浅睡眠的时候将人体唤醒有助于让人获得自然醒般的舒适感。SleepCycle 自问世以来，凭借其强大而实用的功能，一直被广大用户亲切地称为“最聪明的闹钟”。而且，最难得的是，拥有如此强大功能的软件竟采用免费的方式。

然而，当 SleepCycle 的用户在获得以上这些超乎想象的良好体验后，或许都禁不住会付费去体验其“高级版”，其“高级版”可使用完整的睡眠监控功能，包括了解用户的生活方式如何影响睡眠、了解当地天气如何影响用户睡眠、测量并存储每天早晨的心率等等。这些付费版的“高级版”功能，在用户免费试用一个月以后，将每月收取一定的费用。可以看出，SleepCycle 玩转了免费策略，在增加收费项目的同时，也不忘让用户免费体验一把，再进行付费使用。

花钱买产品到花钱买感觉

做好产品和服务是获得消费者认可的第一步。但是，除了做好产品外，企业若想进一步提高品牌的知名度和产品的销售量，就需要运用各种营销方法。从近现代商业的发展过程来看，消费者购买商品和服务时，从最先的远观（让售货员取货）到后来的近看（自选商店），再到现在的免费体验、免费试用的互动式体验营销，可以看出，消费者的需求在不断发生改变，而企业也在想方设法地逐步满足消费者的需求。

互动式体验营销是一种不错的方法，它能促进消费者对于产品有更多的了解和体验，能拉近企业与消费者的距离。但是，不得不说的是，对于某些行业而言，互动营销的方式碍于某些原因，不一定适用。正所谓“穷则生变，变则通”，这种营销方式不行，就得另觅他路。于是，另一种营销模式逐渐被企业挖掘和运用，那就是“情感营销”。

随着经济社会的不断发展，人们生活水平的逐步提高，品牌产品的感性层面越来越受到消费者的关注。也就是说，产品要满足的不仅仅是消费者物质需求，还有情感需求。这个过程用一句贴切的话来形容，就是“花钱买产品到花钱买感觉”。

“情感营销”的作用

什么是“情感营销”？人们对它的定义是这样的：从消费者的情感需求出发，寓情感于营销中，引发其心灵上的共鸣，从而提高产品的认可度和销售量。从这个定义上可以看出，在注重情感的时代，层出不穷的产品使得消费者愈发容易忽略产品质量的好坏或是价钱的高低，而更多地关注自身精神上的满足感。这种营销手段有哪些作用呢？

1. 能提升消费者到粉丝的转化率。同类产品的日益增多，使得品牌竞争愈发激烈。一般消费者在有购物需求时，会希望自己拥有尽可能多的选择，以选取最优质最适合自己的产品。而粉丝则不同，凭借着他们对于品牌的忠诚度，会忠于自己热爱的品牌，购买品牌的产品。企业运用“情感营销”，则通过“攻心”的方式，把消费者对企业品牌的忠诚建立在情感的基础上，满足消费者情感上的需求，使之获得情感上的认同，从而产生偏爱，提升消费者到粉丝的转化率。

2. 树立品牌形象，提高企业美誉度。市场竞争，说白了就是与同行争夺消费者，谁能获得更多消费者支持，谁就是赢家。而争夺消费者，除了注重商品的质量、价格、性能等硬件外，更重要的则是运用情感攻势，也就是我们今天说的“情感营销”。通过对消费者真诚、尊重、信任，从而提高消费者对于企业的美誉度，树立品牌良好的形象，这也有助于品牌在激烈的竞争中脱颖而出。

如何进行“情感营销”

1. 寓情感于内容中。在“情感营销”中，“情感”二字是关键，要用什么方式来传递这份情感，从而唤起用户内心的情感需求呢？将情感与内容结合，也许是个不错的方法。伊利牛奶曾与网易合作，推出一个名为“热杯牛奶，温暖你爱的人”的主题活动，旨在寒冷的冬日温暖人心。活动借助网易新闻客户端的平台，当用户点开客户端时，画面呈现出来的是“布满雾气的玻璃窗”，为吸引用户进行互动，这面“玻璃窗”视觉效果非常逼真，惹得用户禁不住拿手擦一擦，接着界面慢慢浮现暖心的文字，温暖的氛围就此营造。另外，手掌互动的设计也非常暖心，用户只需将手掌贴在手机屏幕之上，利用手机屏幕的感应机制，“牛奶”就可以被加热。这个新奇有趣的活动吸引了不少用户的关注，大家被“加温”的环节暖心的同时，品牌也获得了很好的传播效果。

2. 打造极致体验，传递情感。当用户能够亲身获得良好的体验时，最易于触发用户的情感。试想一个场景：当我们驾驶着越野车，自由地驰骋于崎岖的野外路段，欣赏着美丽的风光时，会有什么感受？是感叹大自然的风光秀丽？是自夸自己良好的车技？还是欣慰于陪伴你的这辆性能绝佳的越野车？这些感受都是切身的、真实的，都是能够触发用户情感的。福特翼虎联合博拉公司推出的“无尽之旅”大型车主线下体验活动，通过为用户打造线下真实场景的体验，激发了用户对于福特的信任和喜爱，同时通过线上的媒体加大传播效果，为品牌塑造了良好的形象和口碑。

3. 好玩有趣，才能促进情感交流。传统的营销方式枯燥无味，无法引发用户情感共鸣的同时，甚至还会让用户心生厌恶之感。“情感营销”主打的是情感，好玩有趣才能更好地交流情感。2014 年 11 月，爱奇艺自制节目《奇葩说》正式上线，它一反传统辩论节目严肃认真的形式，用轻松幽默的“奇葩”方式获得了不少网友的大力支持，如今已播出了三季。不仅节目好看，节目中的广告播报也是让人忍俊不禁，主持人经常在话语中巧妙地融入冠名的品牌。例如，在第三季的节目中，主持人总会在辩手们争辩得面红耳赤时，适时地说出一句“喝杯雅哈咖啡，咱好好聊天儿”，观众们一听哈哈大笑，气氛一下子就缓和了，而雅哈咖啡正是该节目的赞助商之一。这样的广告播报方式经常出现在节目中，在观众观赏节目的过程中，悄无声息地植入品牌理念，并且，如此有趣好玩的方式，会给品牌添加了一层感性的色彩，让人印象深刻。

O2O 模式，打造完美线上线下体验

随着互联网和移动互联网的不断发展，以及智能手机成为人们生活中不可或缺的一部分，中国网民的数量可谓是与日俱增，互联网也逐渐渗透到人们生活中的每个角落，因此，作为可以连接线上线下业务的 O2O 模式获得了长足的发展。这种通过线上营销、宣传、推广，将互联网上的用户引到线下去消费和体验，进而实现交易的模式，受到了商家和用户的热烈欢迎。不仅是互联网企业大力发展 O2O 业务，就连传统行业如餐饮、旅游、零售等，也把这项业务发展得如火如荼。

传统行业如何玩转 O2O 模式

就如前面所说，不仅是互联网企业在发展 O2O 模式，传统行业也逐渐“玩”起了 O2O。在餐饮界，这样的成功案例比比皆是，如雕爷牛腩、黄太吉煎饼、西少爷、伏牛堂等，不仅在线上带给了用户体验，更是把这种体验引至了线下。接下来，我们不妨来看一个好玩的案例。

“叫个鸭子”是一个中餐连锁品牌，成立于 2014 年，主要以自制秘方烹制的鸭子及鸭子周边美食为主打产品，凭借着其食品香而不腻且不含任何添加剂的特色，让这一传统美食走红了北京城。值得一提的是，“叫个鸭子”不同于以外的传统美食，它是用互联网思维做的新鸭子。用户可以通过微信轻松“叫鸭”，只需要关注“叫个鸭子”的微信公众号，通过其简易的订餐页面轻松操作，待客服小姐打电话确认订单和地址等信息，就可以等待美味可口的鸭子上门了。同时，“叫个鸭子”还会在公众平台上发布优惠套餐、礼品等信息，吸引更多的用户关注和订餐。

常见的 O2O 模式有哪些?

1. 网络订购模式。这种模式较早出现、也较为常见，如同程网提供的酒店住宿预订、景点门票预订、机票预订等服务，用户只需要通过网络选择自己所需要的服务，例如购买机票或是预订酒店，然后就可以直接乘坐飞机、入住酒店，非常方便。又如在线上购买一些连锁餐厅的优惠券，到点消费时出示即可享受优惠，就可以实现将线上的用户吸引到线下实体店消费，同时也让消费者获得更便捷和更优惠的消费体验。

2. 团购模式。想必大家对大众点评网、美团网、百度糯米等团购网站非常熟悉，而最早出现这种模式的应该追溯到 2010 年 Groupon 的出现，将团购推向了全球。团购模式也将 O2O 模式推向了一个高峰期。团购通过更优惠的价格、更方便的支付方式，带给了广大消费者一种全新的体验。而更重要的是，它对于不少传统行业而言，是一次颠覆式的互联网思维教育。

3.LBS 模式。也就是基于用户位置提供服务的模式。首先，它通过定位确定移动设备或用户所在的地理位置，然后为用户提供与其位置相关的各类信息服务。例如，确定用户的位置后，可以寻找用户当前位置两公里范围内的酒店、加油站、影院、餐馆等名称、联络方式，甚至是用户评价，实现将手机用户引流至线下实体店消费。

4. 微信模式。随着微信用户的大规模增加、微信功能的愈发强大，特别是微信支付的用户群不断扩大，微信也成为了 O2O 模式的一个重要平台。如今，微信已成功接入医疗、酒店、零售、餐饮、票务等十多个行业。

运用 O2O 模式，打造“线上—线下—线上”的闭环系统

O2O 是一种通过线上营销，将客流引至线下，进而实现消费的模式，但如果仅止于此，就没有做到闭环。那么，如何实现闭环？这就需要线下的用户回到线上去分享反馈消费体验，或者将线下用户吸引到线上去交流等，就实现了闭环。也就是说，用户从线上到线下，又回到线上。

1. 线上营销，能在最短的时间内获取尽可能多的用户。互联网让信息不胫而走，不仅降低了商家的营销成本，而且还提高了传播的效率。用户在网络上就可以轻而易举地了解到商家的有关信息和服务，进行网络预订和支付，整个过程耗时短、操作简单。

2. 实现精准营销，有助于培养潜在用户。商家可以通过 O2O 平台发布各种优惠和促销信息，这些信息可以直接传达至用户，产生更强的用户粘性。并且，透过 O2O 平台，商家可以通过用户注册的信息去将用户群体进行分类，通过挖掘和及时沟通，找到潜在优质用户，提升价值，防止流失。

3. 后台数据分析，了解营销结果。通过 O2O 平台，商家可以进行后台数据分析，了解到用户消费的次数、满意度等等，可以直观地看到营销效果，方便总结和汇总，从而实现对自身的商品进行改进、对自身服务进行完善。

4. 用户反馈形成闭环系统。不少消费者会回到 O2O 平台将自己的消费体验反馈分享出去，或者有些商家会通过物质激励的方式鼓励消费者回到线上去分享，这就形成了一个“线上—线下—线上”的闭环消费系统，既有助于其他消费者做出消费决策，也有助于线上平台通过梳理和分析消费者的反馈，形成更加丰富的商家信息库。

吸粉、聚粉、换粉——草根企业的粉丝营销策略

在粉丝经济时代，知名企业、知名品牌凭借着“天然”的影响力和号召力，较易获得粉丝的关注和支持。而一些小微企业、不知名品牌，甚至是企业，想要吸引粉丝的眼球，就相对比较困难。但是，我们别忘了，不少知名品牌也是从默默无闻的小品牌逐渐做大做强的。品牌不怕小，就怕没有营销头脑。有了正确的营销策略，就算是草根，也有可能逆袭的一天。

第一步，吸粉策略

在互联网时代中，营销策略不同于以往传统行业先打造知名度的方式，往往从先打造忠诚度来入手。首先，要吸引消费者的眼球，让消费者关注品牌和产品。柒零社是武汉的一家商业服务企业，是一家集移动互联网产品开发、维护、运营、培训和销售为一体的移动互联网企业。发展到今天的柒零社，已经成功地将自己的品牌做大做强了。然而，在它刚起步的时候，也曾经是一个不知名的从事进出口贸易和服装销售的成长型企业。柒零社的粉丝营销策略，是值得我们借鉴和学习的。

在吸粉策略中，互联网方面，柒零社通过线上最流行的博客、微博、论坛、企业官网等各大平台发布信息；在移动互联网方面，利用微信平台建立企业的官方公众账号，针对当时的目标客户群体——大学生群体，发布一系列时尚优质的服饰、娱乐、旅游、交友等充满吸引力和正能量的信息来“吸粉”。同时，还借助公众平台举办活动来提高互动率，比如举办以

“我的家乡美”为主题的征文比赛，吸引了一大波粉丝的热情参与。

除了线上的营销和互动，也不忘线下“主战场”的打造。柒零社在线下的实体店中，将自己的微信公众号二维码打印出来，贴在显眼处，并通过关注公众号获得店内 WI-FI 密码、获得免费精致的小礼品等各种方式来吸引粉丝。通过线上线下相结合，来提高营销效果。

第二步，聚粉策略

有了粉丝，就得考虑提高粉丝粘性和凝聚力，提高粉丝“活性”，避免“僵尸粉”的出现。要想提高粉丝的凝聚力，就得充分地与粉丝互动，打造有趣有料的社群活动。特别是在企业的发展初期，粉丝的忠诚度尤为重要，更要时刻关注粉丝的感受，避免粉丝的流失。

柒零社在“聚粉”方面，是通过打造一系列丰富多彩的活动来实现的。首先，柒零社在某一年圣诞节前夕，组织了一场名为“微游争霸赛”的粉丝社群活动，旨在与粉丝欢度圣诞节，营造温馨气氛。通过微信游戏“节奏大师”“飞机大战”等当时热门的游戏，以比赛的形式来评比出分数最高的粉丝，除了给予前三名丰厚的奖品以外，对每一个参加活动的粉丝，都会送上平安夜苹果，让粉丝在寒冷的冬季感受到温暖。

不仅是线上的游戏大赛，为了提高社群的凝聚力，柒零社还会定期举办线下户外活动，例如野外露营、爬山、游湖、新产品的体验活动等，将线上的氛围进一步地蔓延到线下。户外活动能够使素未谋面的粉丝互相认识彼此，也可以让粉丝近距离地接触品牌，有助于提高品牌的亲和力。柒零社每一次举办的线上线下活动，总能吸引粉丝的热情参与，调动了粉丝的活跃性和互动性，对于有效“聚粉”有很大的帮助。

第三，换粉策略

草根企业由于投入较少、知名度不高、推广营销力度不足，粉丝的数量往往都比较少。通过“吸粉”“聚粉”等策略，可以有效地吸引一些粉丝。同时，也可以考虑采用“换粉”策略，也就是与其他企业合作，通过互相推广的方式，把我的粉丝变成你的粉丝，实现 1+1 大于 2 的效果。

“蜜时”是一个避孕套品牌，其通过与面膜品牌的互推，来实现曝光率的提高和粉丝数量的大大增加。“蜜时”创始人张彬是这样看的：“互联网品牌，像面膜的御泥坊、精油的阿芙、坚果的三只松鼠等等，都堪称其类目里的佼佼者。他们的共同特点就是‘互联网 + 快消品’，纵观各类目细分几乎已是一片红海。但是在避孕套类目中还没有强势的互联网品牌，相对而言还算是蓝海。避孕套还有一个特点，就是刚需。‘互联网 + 刚需 + 快消品’，如此大的市场体量，有着非常大的想象空间。”于是，张彬主动联系了男士护肤品牌“师夷家”，进行了一场“换粉”大攻略。两个品牌用户群既重叠又不冲突，能够很好地实现互相推动和传播，达到了较好的传播效果。

总而言之，草根企业如果能够结合自己的实际情况，采用正确的粉丝营销策略——“吸粉”“聚粉”“换粉”，也有机会突围而出，找到属于自己的春天。

“粉”营销，追求的是双赢

“龟兔赛跑”的故事，相信大家在小时候就已经听说过了。完整的“龟兔赛跑”，一共比赛了三次：第一次，兔子轻敌，在半路上睡着了，醒来再也赶不上乌龟，弱势的乌龟反倒赢了，兔子不服找乌龟进行第二次比赛；第二次，兔子吸取上一次比赛的经验教训，一口气跑到了重点，兔子赢了，于是不服输的乌龟又提出了第三次比赛；在第三次比赛中，乌龟提出由它来设计路线，它设计的路线中有一条必经的河流，兔子不会游泳，犯难了，而则乌龟顺利游过去了，获得了胜利。三次比赛下来，乌龟和兔子都想明白了，何必一次又一次比赛，不如优势互补，兔子在陆地上背着乌龟跑，乌龟在水里驮着兔子游，双方都可以顺利且快速地到达终点。

小寓言体现大道理，这个故事体现的就是现代管理学中的双赢原则。在双方建立互相信任的基础上，通过优势互补，可以实现共赢。营销其实是一种博弈，大家都想在这场博弈中获胜，但如果只有一方获胜，就必然有一方要落败。不如，换一个角度思考，不追求稳赢，可以追求不输。也就是，通过“双赢”来保证不输。

粉丝可以为企业带来价值

粉丝的重要性已经不必赘述了，特别是在当今的粉丝经济时代，企业是“成也粉丝，败也粉丝”。粉丝给企业主要带来以下几个方面的价值：

一是通过了解粉丝的需求，让产品更贴近市场需求。粉丝，同时也是消费者，产品的最终受众就是消费者，所以企业在设计生产产品之前，应围绕着粉丝的需求来设计，才能够更好地把握市场走向。通过对粉丝的需求进行大量的调查、咨询，甚至邀请粉丝参与到产品的开发中来，让粉丝对产品进行试用和测试，不断地根据粉丝反馈来改善产品，才可以生产出让粉丝自身喜闻乐见、愿意购买的产品。

二是让粉丝成为第一批客户。通常来说，新产品上线需要大量的宣传推广来提高消费者对其的关注和认可。而粉丝出于对品牌的偏爱，对品牌的新产品已有了“天然”的认可，当品牌有新产品上线时，就愿意给予支持，成为产品的第一批客户。

三是借助口碑传播，提升品牌知名度。品牌需要传播和推广，来提高其美誉度和知名度，采取“粉”营销，借助粉丝口口相传，发挥“病毒式”营销的优点，有利于品牌的打造和企业形象的塑造。

企业可以为粉丝带来价值

双赢，就是要双方要互惠互利，才能形成长期合作。“粉”营销也一样，企业希望粉丝给企业带来价值的同时，也别忘了要为粉丝输出价值，互惠才能共赢。那么，企业可以给粉丝带来哪些价值呢?

一是让粉丝享受特殊的优惠。如今不少企业，都通过设置商品的“粉丝价”来回馈粉丝的支持。“粉丝价”与一般的促销价不同，促销价是针对所有消费者的，“粉丝价”则只针对粉丝群体，具有特殊性，能够体现粉丝的重要性。

二是让粉丝享受其他“特权”。这样的“特权”是多方面的。可以是产品发布会的入场券，可以是产品内测的邀请函，还可以是一些特殊的服务项目，如终身免费的售后服务等。粉丝拥有“特权”，就会感受到自身被企业所重视，并会产生优越感。

三是举办活动来促进交流。建立粉丝社群是为了营销，但也别忘了其基本的作用，就是粉丝之间的沟通交流。能长期聚在同一个社群的粉丝，通常都是志同道合的，如果企业能够举办一些活动，不仅可以维护粉丝群体，还可以促进粉丝成员之间的友谊，丰富他们的业余生活，扩大其社交圈子。

企业与企业之间，也要实现双赢

在人们的印象中，企业与企业之间，似乎只有竞争的关系，特别是同行业中的不同企业，在市场经济中，不争个“头破血流”如何存活下来？

西方经济学中有一个著名的“囚徒理论”：有两个同时被抓的嫌疑犯，但证据并不充分，需要进行进一步的审问。如果两个人同时招供了，结果是每个人判八年；但是，如果只有一个人招供，那招供的那一方可以从轻处罚，只判三年，没有招供的一方就要判十年；如果两个人都不招供，那就证据不足，可能每人只判五年。

显然，从嫌疑犯自身的角度来考虑，最好就是双方都不招供，只判五年。可事实上，彼此都会害怕对方先供出来，自己要面临十年的判刑。所以，为了维护自己的利益，往往两个人都会招供，最后各判八年。这当然不是最好的结果。

营销也一样，如果双方都想自己赢，对方输，希望自己付出最少但收益最大化，但这有可能吗？最后的结果往往是：大家都不可能赢。而只有互相合作，互惠互利，才能使双方都成为赢家，也就是达到博弈的最高境界。

“网红”——草根明星的超强号召力

所谓“网红”，就是“网络红人”的简称。随着互联网文化的不断流行，“网红”的出现成为了时代变迁的标志。说到“网红”，最早也许要追溯到1998年人称“痞子蔡”的蔡智恒，凭借着其发表的精彩小说《第一次亲密接触》在网上获得了成百上千万的点击量，无数读者的支持使得他迅速在网络上走红，成为了第一批“网红”的代表。紧随其后，又逐渐涌现了一大批“网红”，例如安妮宝贝、慕容雪村、木子美、芙蓉姐姐等等。

“网络红人”与现实的明星在本质上其实差不多，都拥有着一大批追随的粉丝，同样拥有超高的号召力和影响力。其不一样的地方在于，他们大多出身于草根阶层，凭借着自己的一技之长，通过互联网的传播，吸引了众多网民的眼球，聚拢了如明星般的超高人气。因此，粉丝营销除了邀请明星代言，借助明星的影响力来获得粉丝的关注，同样也可以利用“网红”的力量来聚拢人气。

借助已具名气的“网红”

企业在做产品营销和推广时，通常会采用邀请明星代言的方式，通过明星的光环效应牢牢抓住观众和消费者的眼球，利用明星已有的影响力和人气提高品牌的知名度。但是，除了邀请明星代言以外，还可以通过邀请“网红”来为企业代言和造势。

如果说上文提到的“网红”都已“年代久远”，那么，被称为“2016

年第一网红”的 Papi 酱一定被广大网民所熟悉。这个自称“集才华与美貌于一身的女子”凭借几十个原创短视频在网络上一夜成名，其微博粉丝数量在短短几个月内猛增至上千万，每发出一个原创视频，转发量就可以达到几万。其微信公众号的粉丝更高达千万级别，每篇点击量几乎都达 10 万以上，文末的赞赏人数也已经突破几千人，号召力和影响力可谓惊为天人。2016 年 8 月，Papi 酱在其视频中放出了一支广告，由本人亲自配音：“本期视频由一言不合来赞助的美即面膜冠名。美即面膜，超好用的面膜。”这个视频已播出，引发了粉丝们热烈的讨论和转发，对于 Papi 酱的第一支广告，喜爱她的粉丝固然是给予最高热情度的支持了。相信通过 Papi 酱的号召力，美即面膜的关注度也在不断攀升。

“网红”代言和明星代言有什么区别？其一，明星固然比“网红”具有更高的知名度和专业性，但“网红”出身于草根阶层，更能抓住人们“认同”的心理需求，更能引发广大网民的共鸣；其二，看多了明星循规蹈矩的代言，“网红”的代言显得更新鲜好玩，更能博得人们的眼球；其三，“网红”代言相较于明星代言，费用较低，还能节省企业的宣传开支。

打造属于自己的“网红”

除了借助已具备一定名气的“网红”的影响力和号召力以外，企业还可以尝试打造属于自己的“网红”。这样的“网红”，可以是实实在在的人，也可以是一个虚拟的形象或群体。

2008 年，一名来自英国的“果粉”在论坛上发布了一个帖子，说自己购买的一部全新的 Iphone 手机里出现了一张可爱女孩的照片。这个帖子发出来后，在论坛上引发了广大网民的热议，这个女孩被大家亲切地称为“Iphonegirl”。网友们七嘴八舌地讨论女孩照片的来源，一个较为合理的说法是：生产线上的工作人员在测试摄像头时拍摄的照片，但是忘记删除了。这个事件使得搜索引擎上关于“Iphonegirl”的查询结果高达近 200 万条。伴随着“寻找 Iphonegirl”事件的流行，苹果公司推出的这一款 Iphone 手机的销量也有了显著的提高。事件最后被查出了结果：“Iphonegirl”实则是精明的商家为了推广苹果手机而打造的一个“网络红人”，而“寻找 Iphonegirl”也是一次“有预谋”的营销事件。

暴走漫画，起源于 2007 年 7 月的北美，是用来讲述日常生活琐事，绘制简单、效果清晰的四格漫画。暴走漫画也有一个人人皆知的“网红”，那就是“王尼玛”。“王尼玛”是一个神秘的人物，据传闻说他是暴走漫画的官方主编，创立了暴走漫画的中国网站，开发了漫画制作器；同时，由于他本人从未露脸，成为了一个可供人们想象的二次元人物。暴走漫画走的也是粗犷、恶搞的风格，他不同于以往“高大上”的网红形象，而是用如此接地气的、让人频频发笑的、频频吐槽的形象，获得了大众的喜爱。

从上面几个案例，我们不难发现，“网红”的号召力和影响力之大，也许并不亚于现实中的明星。企业不妨考虑在“粉”营销中过程中巧妙借助“网红”的力量，充分利用其鲜明的个性、接地气的特点，来打造更好的营销效果。

第八章 粉丝社群

对“症”下药，成就粉丝经济生态链

社群，粉丝进化的下一个形态

随着互联网的不断发展和普及，拥有共同喜好且价值观趋近的粉丝们通过互联网上的各种虚拟平台聚集在一起，就由个体变成了一个个社群。因此，我们说，社群实际上就是粉丝进化的形态。

如何形成社群

粉丝在互动的过程中自发形成社群。互联网的普及，使得人与人之间的距离变得越来越近，人们的交流打破了时间与空间的限制。论坛、贴吧、QQ、微博、微信等给大家提供了平台和机会去充分地互动和交流。在这个过程中，粉丝们相互讨论、分享，然后本着“物以类聚、人以群分”的原则，逐渐地形成一个个社群。比如说，人们在网上论坛浏览各种信息和帖子，当遇到自己感兴趣的话题时就会留言或者自己发帖，当留言的人越来越多，有共同兴趣爱好的人们可能就会自行创立一个虚拟的社群，离开这个论坛，“移步”到社群里继续讨论。

对于企业来说，要想玩转社群营销，就得从打造社群开始。想要打造社群，首先得培养铁杆粉丝。在前面的章节也有提到过，将普通的消费者转化为企业的铁杆粉丝，可以通过借助名人效应、赋予铁杆粉丝特殊的权利以及满足他们希望获得的尊重感、参与感、成就感等方法，去提高粉丝的转化率。有了第一批铁杆粉丝，企业就可以在维护的基础上，打造第一个社群。比如，一个小说创作者要如何逃离长尾效应？一个好的方法就是培养 1000 个铁杆粉丝，这就是他的第一批铁杆粉丝，通过这批粉丝，他就可以去打造属于他的第一个社群。

企业如何玩转“社群营销”

1. 提升粉丝关注度。要打造一个社群并不难，难的是得到社群内部粉丝长久的关注，因此企业必须要经营和维护社群。企业要考虑到，除了产品本身的吸引力，粉丝们还有怎样的需求？一般来说，哪个社群好玩，粉丝们就愿意到哪里去。因此，运营者可以通过定期组织策划高质量的活动，吸引粉丝的参与。例如，国内的钻石电子商务网站——结婚钻戒网，就曾在它的官方微博上发起过“猜价格送钻戒”的品牌活动，此活动一发起就引起粉丝们不断地留言和转发。又如，凡客诚品曾经发起的“抢楼送限量版 T 恤”“1 元拍下原价 888 元新款服饰”等活动，在微博上也吸引了大量粉丝的参与。这些活动，都有助于提高粉丝的关注度。

2. 注重与粉丝的互动。在网络平台上，要想保留人气，不断吸引新粉丝，就得保持与粉丝之间的沟通交流。互动的方式很多，例如，问答游戏、发起话题讨论、有奖竞答、征集意见等。企业与粉丝的交流，原理也是一样的。例如，在一些微信公众平台中，经常可以看到“线上分享课”，运营者邀请具有行业名人在社群中为大家授课做分享，同时解答粉丝们的疑惑，这样的方式就可以增加与粉丝们的交流。

3. 让粉丝参与进来。粉丝们乐于在社群中交流和分享关于品牌的信息，有不少粉丝，他们渴望自己发出的声音可以对钟爱的品牌产生影响，获得认同。因此，企业想要维护粉丝社群，就得满足粉丝的这种参与感的需求。例如，日本的服饰品牌优衣库就曾举办过一场“点击越高，价格越低”的活动，优衣库在其网站上展示出一部分衣服，每当有粉丝点击某件衣服时，这款衣服的售价便会降低一些，网站也会提醒参与者这件衣服目前的点击量是多少，折扣又会是多少。并且，系统会贴心地提示“您好，在您的不懈努力下，价格又下降了一大截”。这样将产品的定价权交到粉丝手上的活动，在一定程度上就可以满足粉丝的参与感。

4. 传播正能量。毕竟活动不可能每天都做，那么日常的运营和维护就可以通过发布图片、文字的方式来进行。比如，在微信上，我们会发现微商们日常运营账号的方法是分享一些充满正能量的图片和文字。这样的方式看似对于营销没有作用，而事实上它是以一种悄无声息的方式在刷“存在感”。同时也是一种精神感染的方式，传播正能量，对于社群的维护、健康地发展是有很大帮助的。

5. 营造“灵魂人物”的影响。在未形成社群之前，粉丝以个体分散的状态存在，无法形成社群，那是因为他们缺乏一个“灵魂人物”的带动和影响。比如，对于苹果粉丝而言，乔布斯就是他们的“灵魂人物”，这位传奇人物的言行举止，都能引发粉丝们的高度关注，并且潜移默化地营销着他们。单凭他的个人魅力，都足以凝聚一大波粉丝。同时，更重要的是，乔布斯和他创办的公司，是电子产品行业的领头羊。粉丝们不管是在对乔布斯的情感因素上、还是对产品的钟爱程度上，都会更加信任苹果品牌。同样的，雷军就是小米粉丝社群的“灵魂人物”，他对于粉丝们也起到一个很大的影响作用。

留住铁杆粉，比吸引新粉更重要

在粉丝经济时代，不少企业和品牌会以优质的产品和服务去吸引新用户，然后想方设法地提高用户到粉丝的转化率。这无可厚非，因为大家都认可粉丝是当今这个时代最重要的资源，有粉丝才能创造更大的经济效益。但是不是所有的粉丝都能为企业创造经济效益呢？

粉丝，又有多个“层次”之分，例如普通粉丝和铁杆粉丝。这二者有什么区别呢？新粉丝往往都是普通粉丝，他们比一般用户更喜欢品牌和产品，在有多种选择的时候，会倾向于择取被他们所“粉”的品牌。而铁杆粉丝，又被称“死忠粉”，凭借他们对品牌更高的认可度和忠诚度，“死忠粉”会“死心塌地”地追随品牌。我们在前面提过，凯文·凯利的“一千个铁杆粉丝”理论告诉我们，只要拥有 1000 个铁杆粉丝，就足以获得温饱。因此，从某个层面上来看，留住铁杆粉，比吸引新粉更重要。

铁杆粉比新粉更重要

在产品领域中，新粉丝固然十分重要，因为他们对品牌产品有一定程度的认可和偏爱，相较于普通用户而言，是更容易为品牌产品创造经济效益的人群。但是，铁杆粉又是另一“级别”的粉丝，是粉丝中的“元老”人物，他们对于品牌产品会有更深的情感及依赖度。

我们不妨来看音乐领域中的铁杆粉，音乐铁杆粉是指在音乐中花费了比平均时间多以及比平均花销大的粉丝。有数据指出，这一部分粉丝大概占据所有音乐消费者的 17%，但仅凭这 17% 的少数人，却创造了 61% 的音乐收入。由此可以看出，铁杆粉的重要性。

其实，不仅是音乐产业，在其他领域，铁杆粉也是相当重要的。再举一个例子，比如现在在网络上越来越活跃的“打赏”活动，自媒体人利用微信公众号等网络平台发布自己的作品，等待粉丝对其进行“打赏”。不要小看这个举动，曾经有个“网红”指出，她在微信公众号上发表一篇文章，可以获取数千元的打赏金额。其实，从媒介进化的角度看，这就是一种技术支撑下的财富流转行为。简单来说，就是通过“打赏”可以获取经济收益。但是，就算不“打赏”，用户也可以在公众号上阅读到这篇文章，或者享受到其他与一般用户一样的服务和体验，为什么还会有人“打赏”呢？原因就是，这些为你“打赏”的金主，就是我们所说的铁杆粉丝。铁杆粉丝因为欣赏你的作品、喜欢你的风格、支持你的创作，就会愿意主动掏腰包“打赏”。现在，有些自媒体人甚至是自由职业者，他们没有固定收入，获得铁杆粉丝的“打赏”是他们平时生活的收入来源之一。这又与凯文·凯利的“一千个铁杆粉丝”理论几乎契合，有足够多数量的铁杆粉丝，就可以支撑他们生活和创作。

拿什么来留住铁杆粉网络上有一句话，叫作“粉转路人”。意思就是，粉丝也有可能“退化”至以前的普通消费者的身份。同样道理，并不是说，粉丝一旦成为了铁杆粉丝，就不会有抛弃产品的一天。既然铁杆粉丝有如此高的重要性，那么企业和品牌要用什么来留住铁杆粉丝呢？这是一个值得所有企业认真思考的问题。在此，笔者尝试提出几点拙见。

1. 打造粉丝社群，增加凝聚力。社群的作用，体现在这里，就是帮助铁杆粉丝养成一定的行为习惯，进而提高对于品牌产品的忠诚度。对于忠诚的铁杆粉丝而言，他们对于品牌的热爱已不局限于消费本身，更多的是表现出对品牌有着依赖性的情感。他们因为品牌而聚在一起，互相讨论、共同分享有关产品的信息，积极参加线上线下的各种社群活动，相互之间凭借着共同的价值观，形成了一定的凝聚力。面对其他品牌的攻击时，他们甚至会自发主动还击，“誓死”维护品牌的声誉。

2. 让铁杆粉丝获得专属权利。铁杆粉丝对于品牌产品而言，不仅投入了金钱，更多的是投入了情感。此时，虚拟化的线上交流已经不能完全满足他们日益增长的精神需求，而真实生活中的交流、与品牌近距离的接触，才是铁杆粉丝真正的痛点。例如，小米一年一度的新品发布会，会在铁杆粉丝群体中发放一定数额的邀请函，让他们成为品牌的 VIP。当铁杆粉丝收获到这一份“礼物”时，内心的自豪感和优越感就会不断扩散，引发其他普通粉丝的羡慕。这样的效果既提高了铁杆粉丝对于品牌的忠诚度，又在粉丝社群众制造了新鲜火爆的话题，还有助于提升普通粉丝到铁杆粉丝的转化率。

3. 让铁杆粉丝走进“管理层”。不少铁杆粉丝往往是品牌最早的一批粉丝，一路伴随着品牌的成长，在社群中也有一定的号召力和影响力。这样一批具有“群众基础”的铁杆粉丝，适合让他们走进“管理层”。这里所指的“管理层”，并不是企业的真正的高层，而是指社群的运营者、社群小组的管理者。例如像网络上各个论坛的版主，百度贴吧的管理者，简书上各个专题的主编等。这样的“管理层”职位，会让铁杆粉丝感受到一种无上的荣耀，他们拥有直接接触品牌内部的权利，拥有发布会参与权，满足了他们“参与感”的需求。有些时候，这些精神层面的奖励，要远远大于物质奖励。

社群搭建：有规矩则成方圆

俗话说得好："无规矩不成方圆。"任何集体或组织的搭建都需要一定的规章制度来运营和维护，粉丝社群也一样。粉丝社群，是基于共同的兴趣爱好、共同的偶像、趋近的价值观的多个粉丝个体所组成的群体。粉丝社群的组成，有助于满足粉丝精神层面的需求，提高粉丝的忠诚度和粘性，具有多方面的作用。然而，社群作用的发挥基于社群的成功运营，而一个成功的社群，势必拥有稳定的群体结构和一致的群体意识。这就要求社群需要有一定的"规章制度"，让社群成员有一定的行为规范可遵循，这就是所谓的"有规矩则成方圆"。

社群不仅仅是一个"群"

只要你是一个有一定资历的网民，想必都有加入过某些群的经历。起初，加入的可能是一些由"强关系"连接的群，例如同学群、朋友群等，组群是为了方便交流和活动。后来，也许会加入一些由"弱关系"连接的群，例如某个明星的粉丝交流群、某种产品的粉丝群等，类似于这样的群，就不仅仅是一群人这么简单了，它发挥着怎样的属性和作用呢？

1. 社交属性。这一属性类似于由"强关系"组成的群体，在同一个群体内的人通常具有高度趋近的兴趣爱好和价值观，也会因为同在一个社群而拉近了彼此之间的心理距离。社群提供了一个交流分享的平台，彼此通过不断地交流，可以产生巨大的能量。

2. 媒体属性。一个社群还能成为一个媒体，社群中的口碑效应可以让品牌产品获得“让大家告诉大家”的传播效果。众所周知，传统的广而告之的方式已逐渐让大众感到厌烦，相反，口口相传的方式却能获得更好的推广效果。

3. 营销属性。粉丝如何创造经济效益？其中的一个方法就是将社群成为产品的营销渠道，通过 B2C 模式，直接在社群中将产品销至消费者的手中，实现粉丝到经济效益的转化。

社群的搭建需要哪些“规矩”

如果只是借助一些社交平台，随意拉一些人组成一个群体，严格意义上来说，那不叫“社群”。真正有效的“社群”，在搭建的过程中是需要遵循一些法则的。

1. 社群需要领袖人物。任何一个集体和组织都需要有至少一个领袖人物，以防“群龙无首”的情况发生，粉丝社群也是一样。有一些说法，将这样的领袖人物称为“灵魂人物”，实际上是一个道理的。这样的领袖人物发挥的作用是，通过他的个人魅力、领导力、感召力去影响社群中的成员，使之凝聚在一起；同时他发挥的还是让社群产生共性的作用，具有共性的社群，才是一个团结有力的社群。

2. 社群需要共同的理念。在上文已经提过，社群是由一些具有趋近兴趣爱好和价值观的人组成的群体。有共同的理念，才能搭建一个社群，才能形成一定的合力，不然的话，盲目组群、加群，只会让群体成为一盘散沙。

社群的经营和维护需要哪些“规矩”

前面谈了搭建社群要遵循的“规矩”，接下来，进一步谈谈社群的经营和维护需要哪些“规矩”。社群在搭建以后，要想获得成员长期的关注和支持，就不能没有丝毫的“规章制度”。

1. 铁杆粉丝法则。铁杆粉丝的重要性毋庸置疑，拥有 1000 个普通粉丝不如拥有 10 个铁杆粉丝。铁杆粉丝决定了一个社群的活跃度和持久度，决定了一个社群能量的大小。因此，不少社群在选择“领袖人物”的时候，会从铁杆粉丝中择取，因为其本身已经具备了足够的情感依赖度和影响力，可以发挥相当大的领袖作用。

2. 大本营法则。社群成员需要有一个交流、分享和活动的空间，这是属于社群成员的大本营、归属地，能够让粉丝拥有安全感和归属感。没有根据地的社群，如同散兵游勇，无法聚集在一起，这将不利于社群的长久发展。

3. 定位法则。社群的经营，通常需要有一个特定的主题，然后围绕主题去开展。试想一下，一个没有定位、没有主题的社群，加入社群的人都不清楚社群在干什么，这样的社群是无法具有粘性和凝聚力的。有焦点才能有关注，在主题上深度发展、做大做强，才能以点带面，发挥扩大效应。

4. 权利法则。就像每一个国家的公民拥有一定的公民权利一样，社群中的成员也要拥有一定的权利，以彰显自己的优越性和特殊性。例如，某些品牌的铁杆粉丝社群，拥有产品的内测权。品牌一旦研发了新产品，就会让铁杆粉丝参与内测，从而有机会提出自己的意见和建议，进一步改进产品。

5. 义务法则。权利与义务是对等的，社群中的成员在拥有一定的权利同时也会被赋予一定的义务。例如，大部分社群成员的义务是推广品牌和产品，通过在微信朋友圈或微博上发布有关产品的资讯，以发挥口碑效应的作用，达到一定的传播效果。

增强粘性：让社群帮助用户培养习惯

在互联网和移动互联网日益发达的今天，越来越多的企业和品牌懂得利用“社群”来进行产品的推广和营销。一个优质的社群往往具有很大的营销价值。一方面，成员之间通过社群进行充分的沟通交流，相似度高，共同话题多，彼此互相影响，有助于提高对品牌的忠诚度；另一方面，社群除了每天推送优质的内容以吸引粉丝的眼球之外，还能够提供群成员需要的产品和服务，从而实现将流量转化为收益的目的。

如今，借助于各大社交平台，创建一个社群非常简单。就拿微信来举例，任何人只需要在“创建群聊”的功能下，勾选微信通讯录中的好友，把他们统统拉进群里，大家就可以在同一个群里交流分享，一个社群就算是初步创建了。然而，大部分社群并没有持久度可言，笔者曾经也被拉进一个网络电台的粉丝群，起初浩浩荡荡数百人的微信群，不到两个月时间，只剩下不到100个人，寥寥落落，惨淡收场。

可以说，大部分的社群都是这样一种境况：今天聚在一起，明天就“各自散落到天涯”了，并没有发挥到什么营销价值。这是为什么呢？原因可能有以下几点：一是社群的组成成员没有趋近的兴趣爱好和价值观，建群的人只是简单地拉人；二是没有专门的运营团队，没有高质量的内容；三是只有线上简单的交流，没有丰富的社群活动；四是群成员活跃度较低，情感联系较少，社群进入寥落状态也是在所难免了。

要想让社群发挥其潜在的营销价值，增强粘性是重中之重。什么是社群的粘性呢？试想一下，如果此时你被拉进了一个社群，是什么原因让你一直留在社群里不退出？有很大一部分的原因可能是，这个社群有你需要的信息和内容，有吸引你的地方。所以，社群的粘性从本质上来说，就是需要与被需要，是价值传递的平台。粉丝需要社群，社群能满足粉丝的需求，彼此之间才会有超强的粘合剂，紧密联系在一起。

优质的内容，才能引发“围观”

在中国人的民族特性里，有一个喜爱“围观”的特性。有几个场景想必大家一定不会陌生：马路上发生交通事故了，势必会惹来“围观”；大街上有人发生口角了，势必会惹来“围观”；若是有特技表演，则更是会惹来“围观”。这种特性准确点来说，就是从众、跟风的心理。在日常生活中的表现，就是哪里有新奇好玩的事物，大家就一窝蜂地往哪里凑，生怕在“围观”的队伍中找不到属于自己的一席之地。

然而，这样的特性在社群运营中，是非常值得借鉴的。若想社群具有高度活跃性，就必须要引发粉丝“围观”，而如何让粉丝一窝蜂来“围观”，就必须打造优质的内容。哪些内容具备吸引力？新奇好玩的事物，能够引发粉丝的好奇心；有趣有料的内容，能够适时抓住人们的眼球；充满情怀、格调的内容，能够放大吸引力……多种多样的形式，才能强化信息的传播，达到易见的效果。

知名度极高的社群罗辑思维在内容的打造上值得我们细细思量。初期，罗辑思维的受众更多的是以80后、90后的年轻用户为主，其内容的主题以“U盘化生存”“人格魅力体”“互联网思维”等诸多具有鲜明时代意义的话题为主。后来，内容的重心有了一定迁移，逐渐以读书求知为主要内容。读书求知是当下年轻人一种精神上的追求，所以这样的内容主题完全符合他们的需要。同时，依托节目对于知识的加工分解能力，还能对年轻人起到一个传播正能量的积极作用。而在其实行付费制之后，之前的知识社群逐步向商业社群转变，内容也就发生了相应的变化。但无论哪个时期的内容，都能够做到优质有料，深深吸引着粉丝的“围观”。

通过社群活动，满足粉丝参与感需求

增强粘性，除了打造优质的内容外，丰富多彩的社群活动也是必不可少的。通过社群活动来提高粉丝的活跃度，既可以拉进粉丝与品牌的距离，又可以满足粉丝参与感的需求。那么，活动该怎么样来设计呢？正所谓“它山之石可以攻玉”，我们不妨来看一些经典的案例。

2016 年 2 月 1 日起，Uber 在南京发起了一场“这一年，你有多拼！”的活动。活动的内容是：征集 100 位来自各行各业的分享者，分享 2015 年的拼搏故事，在 Uber 的微博、微信及 APP 中展示。“拼”代表的是拼搏和奋斗，也体现了 Uber 拼车服务的经济环保的特点。这样的活动有意思、有内容且极具正能量，自然能引发大众的话题，引发更多粉丝的热情参与。

模型品牌乐高推出的是“乐高模型设计”的活动。粉丝参与的玩法是：用乐高的模型搭建出不同的造型，参与乐高官方推出的比赛，并且接受其他粉丝的投票，凡是在比赛投票区获得 1 万票以上的模型，都会被乐高官方检验，并且会考虑投入量产、出售。乐高是不少大小朋友爱玩的玩具，造型设计的活动一推出，就受到了广大粉丝的热烈欢迎。

STC 是致力于为营销从业者提供专业知识分享的社群组织。社群每个

月都会举办相关主题的线下沙龙活动，并且会邀请具有较大影响力的嘉宾作为现场分享人，以丰富粉丝们的知识层面和社群生活。不仅如此，STC还通过众包的方式完成了国内第一本由社会化营销者撰写的新书——《连接——移动社交时代的营销新规则》，这本书从创作到校对整个过程，都由社群的成员来一手包办。书籍创作的过程中，粉丝们不仅获得了知识的梳理，还加强了彼此的联系，增强了社群的粘性。

粉丝的世界，让粉丝做主

一些创业者们在创业的过程中常常会有一个不够正确的认识——他们的创业动力更多来源于自身的情绪需求，或是踌躇满志的幻想。于是在进行了一番不懈努力后，往往以失败告终。为什么失败？究其原因，是没有从用户出发，无法满足用户需求。企业的目的只有一个——盈利，而能否创造经济效益，并不取决于企业而是取决于用户。当企业进一步将用户逐渐转化了粉丝，才能得以持续发展，才能更具生命力。

粉丝的力量

美国著名经济学家萨纽尔森说过："市场经济的最终两个主宰是消费者和技术。"技术是基础，是一个企业在市场中的核心竞争力。有了技术，产品才能保证质量和性能，才能拥有用户。但是，科技发展到今天，各类产品多如牛马，技术已基本能满足用户需求。于是，另一个关键要素——消费者，就成为了企业能否获得长期发展的关键点。

对于一个品牌而言，体验是基础。体验就是品牌给消费者的第一印象，所谓"第一印象很重要"，能否让消费者获得良好的体验是检验一个品牌能否获得粉丝的第一步。通常来说，优质的产品和服务是打开消费者良好体验大门的钥匙。接下来，才能进一步将用户发展培养成粉丝。

粉丝的力量是庞大而惊人的，最显而易见的，就是口碑效应。其实，口口相传本就是一种古老的传播方式。早在雕版印刷术发明之前，口碑效应在市场上就有所体现了。《晋书·左思传》中记载，左思以十年时间写出《三都赋》，“豪贵之家，竞相传写，洛阳为之纸贵”。这就是“洛阳纸贵”的典故出处，一件文学产品能有如此强大的影响力和号召力，让大众争相购买，甚至因此抬高了纸张的价格。由此可见，“粉丝”与“口碑”的概念在古代已经有了。

“让大家告诉大家”就是口碑效应的基本形式。传统的推广方式，即广告的形式，随着互联网和移动互联网的日益发展，已经逐渐被大众所厌弃。广告有“王婆卖瓜，自卖自夸”之嫌，而口碑传播更多的来源于身边的亲朋好友，天然自带“可信任度”。移动互联网具有传播及时性地特点，让每个个体都成为了一个“自媒体”，这在无形中放大了口碑效应的力量。每个移动互联网用户，只需要动动手指头，将品牌产品的资讯转发至微博或微信等平台，就是一次为企业做推广的举动。

让粉丝“翻身做主人”

粉丝的力量十分庞大，于是就逐渐有了“得粉丝者得天下”的理念，粉丝的地位相较以往也得到了无可比拟的重视。如何获得更多的粉丝？如何获得更高质量的粉丝？“以粉丝为中心、让粉丝做主”是每个企业的立身之本。

有人提出，“为粉丝服务”这是一个宗旨，也是一个口号。较早的说法是“为用户服务”，更早的说法是“为人民服务”。当一个企业，能把这个理念自始至终贯穿于整个过程中，就能让粉丝巩固其对于品牌的忠诚度和美誉度。什么叫“自始至终”？就是从前期的产品设计到最后的售后，都“以粉丝为中心”。比如，产品设计从粉丝的需求出发，以符合粉丝的预期为导向，旨在为粉丝创造更极致的体验；在进行产品宣传时，考虑如何让粉丝更便捷、更直接有效地获取信息；在粉丝对产品进行咨询时，给粉丝提供一个高效的平台，让粉丝的声音能够得到及时的回复；在粉丝使用产品的过程中，给予其细心且贴心的指导和服务；在产品出现问题时，有良好的反馈机制和售后服务，及时为粉丝解决问题。总而言之，就是整个过程都秉承着“为粉丝服务”的宗旨。当然，这对于企业而言，也是一个不简单的过程。

“雷神”，就是将这个理念做到极致的一个游戏笔记本品牌。一般做游戏笔记本，都是由厂商经过详尽的市场调研后，生产几个系列投入市场，再由用户自行选择合适自己的产品。雷神一反常态，喊起了“我的装备我做主”的口号，让雷神的粉丝——“雷疯”们真正实现“翻身做主人”。从一开始决定做笔记本，雷神就从“雷疯”的需求出发来设计雏形；让厂商做出产品的雏形后，将产品设计交给“雷疯”们，让他们决定产品的外观；设计好外观后，再生产出样机给“雷疯”测试，在测试发现问题，并解决问题后投入生产；就连定价，雷神也让“雷疯”参与，以“雷疯”最满意的价格投放到市场；而在后来的销售过程中，雷神还推出“预订数影响销售价格”的活动，即用户预订的数量越多，价格就越低。

可以说，雷神游戏本的整个生产销售过程，都是由“雷疯”做主的，完全契合了品牌理念，当粉丝真正做了一回主人。因此，粉丝在品牌的高度重视下，也会把这种信任化为责任，发挥出应有的力量，决不会辜负品牌的期望。

丢失精准定位，社群“雪崩”的前奏

品牌需要有精准的定位，才能做到专注。为什么要专注呢？在互联网时代，效率决定一切，谁能花最少的时间和成本抓住关键点，并持续专注这个关键点，谁就能在市场竞争中获得主动，花更少的代价获得更大的收益。1997年苹果接近破产，乔布斯回归后，大刀阔斧地砍掉了70%的产品线，专注于四款产品的开发上。这个近乎疯狂的历史性举动使得苹果起死回生。直至今天，苹果风靡全球，在电子产品的市场上独领风骚，但其依旧专注于寥寥数款产品的开发。这一切只因苹果深谙其道：一切贵精不贵多。

其实，不仅是品牌，社群也需要精准的定位。社群经济作为这几年新兴的一种商业形态，关注度和影响力一直在不断攀升。最著名的，莫过于罗辑思维和小米粉丝社群等，但除了这几个引领者外，还有不少品牌也将社群营销玩得风生水起，例如吴晓波的读书会、李善友的颠覆式研习社、华为手机粉丝社群等。

丢失精准定位的社群，将走向消亡

这个小标题，乍一看有点吓人，但其实一点也不危言耸听。在社交平台众多的移动互联网时代，社群的构建如此简单，任何一个网民都可能会加入至少一个社群中。但大部分的社群一开始热热闹闹，后来就逐渐失去活跃度，寥寥落落，大家纷纷退群。社群的本质是需要和被需要、需求和被需求，是价值传递的平台。但很多人是为了建群而建群，完全忽略了社群的本质。为了建群，尽可能地拉人进群，又让身边的好友不断扩散，让群成员越来越多，形成一种“声势浩大”的错觉。然而，这样的社群，生命周期是非常短的。因为其聚合了一大帮“乌合之众”，没有做到精准定位。丢失精准定位的社群，用户鱼龙混杂，没有定位，没有分类，如何谈价值传递呢？连用户需要什么都搞不清楚，又如何谈满足需要呢？显然，根本无从入手。所以，这样的社群只会“雪崩”。

如何让社群获得长久生命力

既然社群容易走向“雪崩”，我们就从精准定位入手，去延长社群的生命周期。

1. 明确创建社群的目的。通常来说，除了“强关系”社群，例如同学群、朋友群等，可以毫无目的地拉人创建以外，其他社群的创建多多少少都基于一定的目的。群是为了满足人的某种需求而建立的，明确了建群的目的，才能进一步细分人群。建群的目的，大概有以下几种：一是满足联络的需要，如同事群等，为了方便联系而建群；二是满足工作的需要，如部门同事群；三是满足交友的需要，如加入社群找到同乡、同行等；四是满足学习的需要，如“罗辑思维”社群，就是为年轻人提供知识的社群；五是推广的需要，这种就是营销社群，为了宣传品牌的产品。

2. 针对社群的定位，“筛选”成员。从社群的定义出发，社群就是让一些志同道合的人聚集在一起。正所谓“物以类聚、人以群分”，人是需要分类的，并不是所有人都适合聚在一起的，有相同的兴趣爱好、有趋近的价值观，才能一拍即合，不会造成“话不投机半句多”的尴尬局面。明确社群的定位后，就应该适当地对用户进行筛选。例如，一些读书交流群，创建社群的动机就是让有共同读书爱好的人聚集在一起，交流分享读书心得。因此，群主在拉人进群的时候，就应该有针对性地选择。不然的话，这个社群的作用就无法得到发挥。现在有一些社群，会采取付费制度，这也不失为一个好方法。因为付费会让用户考虑得更多，这个群是否值得付出这样的代价，而付费进群后也自然不会轻易退出。

3. 打造有价值的社群。社群多如牛毛，粉丝加群是为了满足自身的需求，获得价值。没有价值的社群，是不具有生命力和活跃度的。比如华科的 Dian 团队，每一个曾经加入团队的队员，包括团队的顾问都会加入一个 QQ 群，并且在群里继续保留团队的编号，以识别身份。这个社群能为队员提供什么价值呢？老队员可以通过社群寻找到新队员一起合作创业，而新队员则可以通过社群结交请教老队员。由于团队有共同的文化、需求和价值观，这个社群就能一直源源不断地为提供提供价值，充满了正能量。

4. 满足成员的需求。不同的目标群体，会有不同的需求，只有了解并抓住自己社群目标群体的实际需求，并满足这些需求后，才能更好地吸引精准成员的加入。比如，有一个做男性婚恋的公众号，为了提高营销效果，创建了一个社群，社群的成员基本以男性为主。这样的社群，目的已经非常明确了，就是解决男性的婚恋问题。单身的男性加入这个社群，有怎样的需求呢？显而易见，就是为了认识更多的女性。这类社群若想提高活跃度，就得从用户的根本需求出发，找到并提供更多的女性资源。所以，我们要明白，清晰定位、明确方向、戳中需求，是一个社群能够获得长久生命力的关键。

追求专注与极致，变现社群价值

社群价值是可以变现的。小米“玩转”用户参与感，通过粉丝运营打造了一个估值 450 亿美金的公司;《罗辑思维》打造互联网知识社群，四个月内两次招募付费会员，入账会员费近千万；网络学习型社群颠覆式创新研习社在三个小时之内完成了一个千人课程的报名和售卖，通过学员打赏收入可观。这些社群组织以其独具特色的运作模式，充分验证了社群经济的价值。同时，也给我们带来了一个问题：社群要如何组建和运营，要解决哪些问题，才可以实现社群价值的变现。

社群的基本发展路径

社群的发展，具有一套基本固定的路径。要想让社群价值变现，了解其发展的路径是必须的。简单来说，就是四步走：聚集—互动—运营—变现。从目前现状来看，国内的网络社群基本都能够遵循这个模式，在这一模式发展中，网络社群也完成了从简单群组到具有品牌化、专业化的过程。

1. 聚集。首先要组建一个初具规模的社群，这一部要考虑的是如何拉新的问题。要把什么人聚集在一起？是不是只需要在通讯录上勾选就可以了？显然不是。前面我们也说过，丢失精准定位的社群，最终基本都会走向灭亡。所以，组建社群必须要聚集一群认同社群核心价值的人。只有认同社群的核心价值，才能在社群初期与你“并肩作战”，共同来发展社群。

2. 互动。社群成员之间积极的互动是保持社群活跃性的关键，死气沉沉的社群很难有价值可言。通常来说，社群初期的成员活跃度都会比较高，所以还需要社群管理者的有效管理和维护，才能使社群在发展中有所突破。

3. 运营。运营可以说是“四步走”模式当中最关键也最有难度的一步了，这个阶段要思考如何运营能够增加成员的情感依赖度、引发成员的共鸣、提高成员的忠诚度。可以从几个方面切入，满足社群成员对于参与感、组织感、归属感等方面的需求。比如说，组织群分享来提升成员的参与感，让群成员合力协作来满足他们的组织感，开展丰富的线下活动来提升归属感等。当然，这些只是基本的思路，真正的运营得结合社群自身的定位和核心价值。

4. 变现。当一个社群完成了以上三个步骤，形成了较为成熟的管理和维护体系，拥有了自身的品牌文化以后，就可以考虑把社群价值进一步变现了。目前社群变现的模式主要有：电商式、会员式、产品式、项目式、众筹式等。电商式是较为普遍的，是通过销售商品的方式实现变现。产品式就是直接以产品为导向，社群通过对产品的不断更新来变现。这里所说的产品，不一定是实物形态的，更多指的是虚拟形态的，比如说“幻方秋叶 PPT”的产品，就是线上线下的课程，而它的变现模式就是售卖课程。会员式也就是会员付费制，通过收取费用来实现变现，比如最典型的是《罗辑思维》。项目式是通过各种项目协作，然后推出定制化的产品和服务。而最后的众筹式则是利用社群的精准粉丝特性，通过发起众筹来募款。

社群能提供什么价值

也许不少人看到罗辑思维“敛财”近千万或是某社群电商通过社群实现了千万盈利后，都跃跃欲试，想通过社群运营来实现经济价值的变现。然而，有一句老话是这么讲的：你只看到我的成功，却没有看到我成功以前付出的努力。罗振宇用了一年的时间，每周一期原创高质量视频，来积累粉丝，并没有考虑变现；电商能够成功，必定也是通过前期的积累打下了坚实的基础。所以，了解社群的商业模式发展很重要，但若想按照这个“套路”来获利，只按照“套路”走是远远不够的。什么样的社群能够最终实现变现？能为成员提供价值的社群。社群一般可以提供哪些价值呢？

1. 内容价值。通过定期给社群成员做培训或分享，让社群变成一个主动学习的平台。内容是社群的核心元素，没有内容的社群是无法形成凝聚力的。就好像在一个名为“简书—翻译”的微信群中，简书翻译专题的主编“贝小鱼”每天会带领社群的成员进行早晚两次固定的翻译练习，在群成员提交练习后，他会择机对翻译和发音进行点评，并分享一些自己的心得经验。

2. 交流价值。社群就是让一群志同道合的人聚集在一起，是一个平等交流、资源共享的平台，可以通过组织各种活动促进成员之间的沟通合作，加强交流，让成员在社群里找到自己的朋友或队友。

3. 资源价值。社群中的成员来自各行各业，有各自擅长的领域，大家可以交流和共享。社群内的资源是共享的，相互间可以得到很好的匹配。只要你有足够的实力，就可以找到足够的资源去支撑你成功。

4. 咨询价值。如果群主或者是群里的其他成员有过硬的专业知识，还可以为群里的成员提供咨询价值服务。

总而言之，社群可以实现变现、获得经济收益，但前提是要能为成员提供持续的、有效的、有用的价值。有足够的前期积累，才能有蓄势待发的机会。

创新思维，为社群注入“活水”

前面我们说过，移动互联网时代对于商业模式的其中一个转变就是，社群时代的到来。不少企业在意识到这点后，纷纷创建社群，都想在这个社群经济的“大蛋糕”里分一杯羹。如今社交平台众多，企业要创建一个社群是轻而易举的事。然而，要维护和运营社群，让社群保持活跃度和生命力，就没那么简单了。在这里，笔者提出一个思路，那就是在运营的过程当中，要不断地运用创新思维，来为社群注入“活水”，使其生机勃勃，充满活力。

第一波“活水”——不断开发新话题

在微信越来越流行的今天，不少人会说微博已经逐渐淡出了人们的生活。然而，利用微博来制造话题、刺激粉丝，依然是一个可行的方法。这个方法具体怎么来操作呢？我们可以依据结合市场、季节、消费群体来不断地开发新话题。

首先，可以结合市场的变化。Iphone7 于 2016 年的秋天正式上市，结合这个市场的变化，可以发布类似于“全面解读 Iphone7”的话题，让粉丝们能在第一时间了解到关于 Iphone7 的资讯，并且引导他们进行讨论。电子产品的粉丝通常都是乐于分享自身的体验和看法的，我们还可以引导打造“分享体验赢奖品”等活动，去激发他们的分享热情。其次，可以结合季节的变化。季节类的品牌有餐饮、服装等，随着季节的变化而不断更新。例如服装品牌，一年中会推出四个季度的服装，就可以结合不同季节的特点来引发新话题。最后，还可以结合消费群体的变化。不同的产品根据自身的定位，会有不同的受众群体，可以结合不同受众群体的特点，去开发一些相关的话题。比如，如果产品的受众是学生群体，相关的话题可以与大学、青春、恋爱等结合，提出一些他们感兴趣的话题，就可以引导他们进行互动和讨论。

第二波“活水”——让粉丝大胆地“抱怨”

当你设计生产出一款新的产品，必定是希望获得用户的欢迎和支持，从而赢得市场的。所以，很多企业害怕听到用户的抱怨和吐槽，面对这些负面的声音，会显得“手足无措”。在互联网时代，人人都有自主发言的权利和机会，粉丝有权利抱怨，企业是挡不住的。其实，有抱怨声和吐槽声，也未必是坏事。用一个不太恰当的比方——“人红是非多”，有谩骂声也是有人关注的一种体现。

所以，不妨换个角度思考问题，把粉丝的这种抱怨当作是产品进步的动力。粉丝有抱怨，说明他们的诉求未被完全满足，产品还有一定的提高空间。同时，也可以看作是社群互动的一个话题。有些企业会对这种“抱怨”进行积极的引导和鼓励，比如给予第一个提出问题的人奖励，用这种奖励机制去鼓励粉丝多发言、多提建议。

这样做的目的，还可以彰显品牌正面积极的形象，不会因为粉丝的不满就显得“小气”、不虚心，反而坦坦荡荡，更有助于提高粉丝对于品牌的好感度。

第三波“活水”——举办特色活动

社群需要定期或不定期地举办线上线下的活动，才能满足粉丝的参与感需求，提高社群成员的凝聚力。活动怎么来举办？这是一个问题。如果活动千篇一律、循规蹈矩，那很难引起粉丝的兴趣。因此，为了体现社群的特色和个性化，不能一味地借鉴其他社群或平台的活动，而要有自己的特色活动。例如，小米通过举办大型粉丝节日，来点燃粉丝的热情。当然，如果条件不允许，也未必需要举办大型的活动，“小而美”的社群活动一样也可以办得有声有色。

例如，某个寿司连锁店让社群里的成员到店里消费时，拍摄三个实景图附上文字发朋友圈，并截图发到群里，就可以得到一张八折的优惠券；有一个服装品牌的社群则鼓励成员上传“买家秀”，即穿着本品牌的服装拍下美照上传到评价区内，就可以获得一定金额的代金券；电子阅读类品牌的社群鼓励用户多写书评、做图书分享，以赠送书籍来当奖品，等等。这些活动如今在互联网社群里非常常见，参与方法非常简单，也是粉丝所喜闻乐见的。

第四波“活水”——提升“神秘气质”

苹果每年都会推出新产品，但是在产品真正面世之前，其新造型、新功能的保密工作是做得非常到位的，一点都没有外泄。尽管偶有网络新闻“爆料”，但官方没有站出来发言，粉丝就永远不会获得真实的资讯。这就让苹果蒙上了一层朦胧的“面纱”，若隐若现，极具“神秘气质”。这样的“神秘气质”，会引发粉丝的疯狂猜测和联想，大家会在社群里不断地讨论新产品的有关消息，讨论越热烈，社群就越有活力。

如今各大电商会在一年中搞几次大型的优惠促销，例如京东“618”购物节、淘宝“双 11”等等，每当到了这些节日，所有的互联网话题几乎都会被他们所垄断。哪些品牌会打折扣？折扣有多大？哪些最值得买？……这一类话题是消费者所热衷讨论的。但是，这些电商从不提前透露，充满“神秘”，使得这些话题更具吸引力。

一个死气沉沉的社群，是没有价值的。只有充满朝气活力，生机勃勃的社群才具有商业价值。要保持社群的活跃度，要点燃粉丝的热情，就要求企业不断地运用创新思维，为社群注入源源不绝的“活水”。

新粉丝，让铁杆粉去找

铁杆粉丝的“威力”是很大的。说到铁杆粉丝，也许很多人会想起青春组合 TFBOYS 的“地铁之旅”事件：四个女大学生为了让更多的人认识她们的偶像 TFBOYS，将积攒的实习工资、奖学金、压岁钱共计 12.8 万元，用来“承包”整个地铁站，站厅内的广告灯箱了换成了 TFBOYS 的照片，墙上也贴满了他们唱过的歌曲名，广告面积达 72 平方米之多。这一举动引发了众多人的高度关注，不少人赶到那个地铁站拍照合影，成为了一道别致的风景线。很多人表示，以前不认识 TFBOYS，如今通过这个广告了解了他们，并且有些还“路人转粉”了。

由此可窥，铁杆粉丝不仅是忠实的消费者和支持者，还是有巨大潜力的推广者，他们有意愿和能力去挖掘和发展新粉丝。

品牌的粉丝中也有这样的铁杆粉丝，最著名的就是苹果的“果粉”。“果粉”具有强大的影响力和号召力，从 Iphone3 开始就使用苹果的铁杆粉丝，他们不断地向身边的人推荐和介绍苹果产品，影响周遭人的消费决策，最终点燃了苹果在中国市场的全面火爆。其实不仅是苹果，每一个有发展潜力、注重产品质量的品牌，在发展的过程中都会产生一批铁杆粉丝。即使数量不多，但所谓“星星之火可以燎原”，如果对这批铁杆粉丝有足够的重视和进行合理的引导，他们将会发挥无穷的“威力”去吸引更多的新粉丝。所以，不少品牌致力于开发新粉丝但往往效果不佳，不妨试试从铁杆粉丝入手，让铁杆粉丝去寻找新粉丝。

建立铁杆粉丝专属社群

要让铁杆粉丝感受到自己被品牌重视，感受到自身的与众不同，建立一个铁杆粉丝的专属社群是个非常有效的方法。比如，小米的铁杆粉丝有个专属的小组叫作“荣组儿”。在这个小组里面的成员，可以获得小米的第一手资料，同时还可以参与公司新产品的开发设计、试用甚至是决策，是小米粉丝当中的“明星”。因为拥有这样的特权，很多小米粉丝都纷纷表示羡慕和“崇拜”。

而“荣组儿”的成员，自身也会产生优越感，且热衷于与网友进行互动，主动充当小米的“代言人”，为大家解答疑难问题。品牌对于粉丝来说，终究是有距离感的，而铁杆粉丝却可以接地气地与他们沟通交流，这就可以拉近品牌与粉丝的距离，提高品牌的亲和力，从而吸引更多的粉丝。

给予铁杆粉丝更多的鼓励

品牌对于铁杆粉丝的培养和维护，除了要给予足够的重视和“特权”，还要给予更多的鼓励。小米除了赋予“荣组儿”成员试用新产品的特权外，还不忘在社群中给予很多精神上的鼓励，例如给予特殊色彩头衔，发帖时显示特殊标签等，这些都是让他们区别于普通粉丝的标志，实际上也是一种精神奖励的行为。

除了精神方面的奖励，还可以适当地给予物质方面的奖励。可以公开公平地设置一定的奖励机制，例如为了鼓励铁杆粉丝对于产品给出更多的反馈和建议，可以设置一定数额的现金鼓励。这样的机制，对于铁杆粉丝来说是具有很大吸引力的。

举办铁杆粉丝线下活动

维护社群的其中一个方法就是定期或不定期地举办丰富的线下活动，维护铁杆粉丝同样也可以采用这个方法。只是，铁杆粉丝是品牌的“VIP”，举办其专属线下活动时可以采取直播的形式，提高其“逼格”。

比如，问答社区知乎每年都会举办一场名为“盐 CLUB”的线下聚会活动，由知乎官方举办，要求社群中的“高端专业”人士参加，实际上，这些被邀请的人士也是常驻知乎答题的“铁杆粉丝”。可以说，每年的“盐 CLUB”聚会都是知乎的一大盛事，不仅在举办之前会进行大势地宣传和造势，在举办的过程中更是会进行全程的文字直播，举办结束后每个有幸参与聚会的人都会与大家分享他们的体验。通过这一系列的报道，可以让普通粉丝们感受到这场聚会的盛大，同时也会在内心产生对铁杆粉丝的羡慕和崇拜之情。

在铁杆粉丝社群中建立“升迁体系”

铁杆粉丝的重要目的，主要体现在利用自身的影响力和号召力引导社群的话题，不断地给社群注入活力，吸引新的粉丝。所以，铁杆粉丝的社群不能一成不变、死气沉沉。可以在铁杆粉丝社群中建立一定的“升迁体系”，一来可以激励铁杆粉丝自身不断积极向上、为品牌做出更大的贡献；二来也可以起到一定的约束和规范作用。

同样的道理，普通粉丝如果表现持续优秀突出，品牌也可以将其纳入铁杆粉丝的行列，并且给予相应的奖励。这样的“升迁体系”可以让社群保持生机，同时对于普通粉丝来说也是一种“荣誉”的体现。

总的来说，企业要提高品牌的知名度、美誉度和亲和力，培养和维护铁杆粉丝至关重要，同时，这还是吸引更多新粉丝的“必杀技”。

众筹：让粉丝助你一臂之力

提到众筹，也许很多人都会联想起朱江，这位被称为“中国众筹的开创者”的人物。2012 年，朱江离开爱奇艺高管的职位，创办了美微传媒。然而，筹集资金的过程非常困难，他走遍了北上广深等全国主要城市，拜访了 100 多位投资人，但却未能获得他们的认可与投资。在融资无门的情况下，他想到了一个办法——吸收社会资金共同创业。这就是在众筹领域中“第一个吃螃蟹的人”。他在淘宝网上向公众公开售卖美微传媒的公司股权，通过两轮的募集，共筹到 387 万元。这个数字是惊人的，这种方式是崭新的，尽管这个事件最后被证监会紧急叫停并予以一定处罚，但这首个股权众筹案例却具有历史性的意义。

众筹这种方式，它起源于美国，如今被引进国内已有数年了。它源于“crowdfunding”一词，顾名思义，就是汇集众人的力量，集中大家的资金、能力或渠道，为一些小微企业、艺术家或是个人进行某个活动或项目等提供援助。众筹发展到今天，已经不是什么新鲜事物了，甚至可以毫不夸张地说，已经在“大众创业、万众创新”的中华土地上发展得如火如荼。尽管如此，我们也应清醒地认识到，并不是所有发起众筹的创业者都能成功募集资金，特别是刚刚起步、没什么人脉和资源的创业者，该如何用这种方式来“贩卖梦想”呢？

众筹在中国的四种模式

1. 债权众筹。如今，不少 P2P 借贷平台其实就是一种债券众筹的操作模式——多位投资者对项目或公司进行投资，按投资的比例获得一定比例的债权，未来获取利息收益并收回本金。这是一种风险相对较低，同时收益也相对较低的众筹模式。

2. 股权众筹。朱江的众筹模式就是最早的股权众筹。投资人向创业团队或公司进行资金投资，从业获得一定比例的股权，未来公司增值或发放股息红利时，投资人就可以获得收益。这种模式风险相对较高。

3. 产品众筹，也称回报众筹。投资者对项目或公司进行投资，获得产品和服务。这种模式类似于预消费模式，在产品未生产之前，先让用户付费，并且让参与者参与产品的研发、设计、传播、销售等环节，最后让用户获得该款产品和服务。这种形式，不仅募集了资金，同时也是一种推广行为，可以帮助树立产品的品牌形象。

4. 赞助众筹，有些也称捐赠众筹，顾名思义，就是投资者对项目进行无偿捐助，不求任何回报。如今，这种方式的众筹是比较常见的，更多地用于公益活动，用公开透明的众筹模式，对于开展公益慈善活动有很大的帮助。

如何提高众筹成功率

在网络上，有一句形容众筹的话，非常煽情感人，那就是“让大众支持你的梦想”。可是，想法是美好的，现实却是残酷的。众筹的确是一个快速轻松集资的方法，但就目前来说，众筹的的成功率是非常低的，甚至不到 50%。创业者想要提高众筹的成功率，必须首先具备以下几个要素。

1. 项目或产品要具备足够的吸引力。这也是任何投资活动中的基础。产品在市场上要有创新和卖点，在技术上要有一定的突破，能够满足用户的需求，戳中用户的痛点，给用户带来全新的体验。这样的产品，才具有足够的吸引力。而普普通通、不具吸引力的产品，如何吸引别人来投资呢？映趣科技是一家专注智能腕表的企业，其于 2013 年 9 月在网上为其智能腕表发起众筹。这款智能腕表采用多个新技术：一是半透半反式技术，让屏幕进入无障碍阅读；二是骨传导技术，将声音直接通过头骨传送到耳朵内部神经；另外，腕表还配置了 500 万像素摄像头等多个功能，这样的产品对大众投资者而言，就具有很大的吸引力。

2. 要有粉丝的狂热支持。粉丝的重要性再一次被体现了，如果项目或产品发到众筹平台上，能有第一批积极响应你的粉丝，愿意为你投资并且推广开去，那么这场众筹的成功几率就大大提高了。尽管网民众多，但是去投资一个陌生人的项目，也很不容易。如果此时，有一批粉丝在为你的众筹出钱出力，一般人都有从众和跟风的心理，自然会加大对于你项目的关注，进而提高投资的可能性了。

3. 要有足够的营销和推广。众筹的产品或项目，除了本身要具备足够的吸引力以外，营销手段也是非常关键的。当前线上众筹最重要的营销手段就是制作宣传视频。也就是说，投资人是通过这个宣传视频来认识你的团队、公司和产品的。所以，制作一个能牢牢抓住投资人眼球的宣传视频，显得尤为重要。这个视频要能体现团队和产品的理念，产品的性能和特点，要能够引发投资人的情感共鸣，才能让人心甘情愿地为你掏腰包。

4. 要有一位具有足够影响力的发起人。如果发起人本身已具有一定的号召力和影响力，那么由其发起的项目，自然较能获得人们的支持。比如，地产大亨王健林想借助全民众筹的力量，在未来十年开 1000 家万达广场。这样的大人物，玩众筹自然就轻松多了。如果初出茅庐的创业者能够获得一位知名人士的支持，借他的一臂之力来发起众筹，那么项目的成功几率就会相对比较高了。